THOMAS UHL

Né en 1979, Thomas Uhl, après avoir expérimenté diverses cures naturelles pour soigner ses propres affections pulmonaires et intestinales, est devenu naturopathe à l'âge de 24 ans. Convaincu que les sources de la plupart de nos maux contemporains se trouvent dans nos assiettes et nos modes de vie, il prône un changement d'habitudes alimentaires et préconise l'activité physique et une bonne gestion du stress pour entretenir sa vitalité. Pour partager son expérience, il a ouvert en 2006 le Centre de la Pensée Sauvage dans les contreforts du Vercors. Aujourd'hui, il est accompagné de son épouse Maëlys et entouré d'une vingtaine de spécialistes de la santé naturelle. Ils reçoivent chaque année près de mille personnes pour des cures personnalisées. Son expertise fait désormais référence dans le domaine du jeûne, de la détox et du bien-être.

Et si je mettais mes intestins au repos ?

ÉVOLUTION

Des livres pour vous faciliter la vie !

Idriss ABERKANE
Libérez votre cerveau !
Traité de neurosagesse pour changer l'école et la société

Erwann MENTHÉOUR
Et si on arrêtait d'empoisonner nos enfants ?

Sandra AAMODT
Comment maigrir sans régime

Danièle FESTY
Tout vient du ventre (ou presque)
Constipation, diarrhées, brûlures d'estomac, calculs biliaires, candidoses : les conseils santé et bien-être d'une pharmacienne d'officine

Allen CARR
Mon programme pour en finir avec la cigarette

Michael GREGER & Gene STONE
Mieux manger peut nous sauver la vie
Les aliments qui préviennent et renversent le cours des maladies

Thomas UHL
Et si je mettais mes intestins au repos ?
Le jeûne, la monodiète, la détox : les 3 clés de la vitalité

Thomas Uhl

Et si je mettais mes intestins au repos ?

Le jeûne, la monodiète, la détox
Les 3 clés de la vitalité

Avec la participation de
Stanislas de Haldat et Sandrine Mouchet

Préface de Christophe André

SOLAR EDITIONS

MIXTE
Papier issu de
sources responsables
FSC® C003309

Pocket, une marque d'Univers Poche,
est un éditeur qui s'engage pour la préservation
de son environnement et qui utilise du papier fabriqué
à partir de bois provenant de forêts gérées
de manière responsable.

ISBN : 978-2-266-25707-7
Dépôt légal : avril 2018

Sommaire

Partie III
Et de temps en temps, je mets mes intestins au repos

Partie IV
Les recettes essentielles de la détox et du bien-être

Préface

Mes intestins et moi, nous revenons de loin !

Quand j'ai rencontré celle qui allait devenir mon épouse, je mangeais n'importe quoi, n'importe comment. J'étais pourtant médecin, mais la médecine de l'époque s'intéressait plus aux maladies qu'à l'art de rester en bonne santé, et, à l'université, on ne nous avait parlé de nourriture qu'en termes quantitatifs (*ingesta*, équilibre calorique, etc.). De ce fait, la nourriture n'était à l'époque pour moi qu'un carburant, destiné à me donner de l'énergie pour la journée, comme l'essence que je mettais dans ma moto. Je me souviens de l'effroi de ma future épouse lorsqu'elle me vit pour la première fois avaler à toute allure un petit déjeuner composé de restes de pizza froide et d'une canette de cola tiède, debout dans un coin de la pièce qui me servait de cuisine et de salle de bains. La reprise en main ne se fit pas attendre ; mois après mois, elle m'apprit à manger correctement : de bonnes choses, dans un cadre agréable, au calme, en savourant. Je m'aperçus que c'était possible, et agréable...

Quelque temps plus tard, je franchis un nouveau palier dans le discernement alimentaire grâce à mon ami, le regretté David Servan-Schreiber, qui m'apprit, ainsi qu'à un nombre impressionnant de personnes, les vertus des oméga 3, des alicaments et du soin de soi[1]. David m'invitait souvent à déjeuner chez lui, et c'était merveilleux de le voir confectionner en quelques minutes des plats délicieux et sains, conformes aux préceptes de ses livres, et surtout aux études scientifiques sur les vertus de l'alimentation, dont il fut sans doute l'un des meilleurs connaisseurs.

Enfin, il y a quelques années, c'est un séjour de jeûne dans le centre de Thomas Uhl, autre ami, et auteur de ce livre, qui acheva de m'ouvrir les yeux. J'étais venu pour expérimenter ce que pouvait être le jeûne, un peu inquiet mais assuré de me trouver en bonnes mains. Effectivement, je suis reparti en ayant fait une expérience extraordinaire : ne pas manger pendant plusieurs jours, non seulement c'est possible, mais c'est même passionnant, et agréable par certains aspects. Mais j'avais aussi vécu beaucoup d'autres choses : non seulement j'avais jeûné, mais j'avais marché dans la montagne enneigée pendant des heures, fait du yoga, de la méditation, bénéficié de massages et autres soins du corps apaisants (bains de pieds, séances de sauna), reçu des cours de cuisine détox, des informations sur l'équilibre alimentaire au quotidien, etc. Le jeûne n'était que le sommet d'une montagne dont l'ensemble était magnifique à découvrir et à parcourir. De même, l'alimentation n'est qu'un des aspects d'une manière saine de se nourrir, qui comporte aussi l'état d'esprit dans lequel on mange, le lieu, la façon d'avaler, de mâcher, le rythme de vie avant et après les repas, etc. Et la manière de se nourrir est un des visages que peut prendre notre manière de vivre. Bref, à mon retour, j'avais appris non seulement un art du jeûne, mais aussi, plus globalement, tout un art du soin de soi...

Prendre soin de soi

Pendant longtemps, en médecine, tout ce qui relevait de l'alimentation, et plus largement du style de vie, était considéré comme folklorique ou anecdotique, ne faisant pas le poids par rapport aux médicaments et, surtout, non validé par la recherche scientifique car reposant « seulement » sur les intuitions et les convictions de certains soignants ou de leurs patients, ou sur la seule tradition (même s'il s'agissait par exemple du génial Hippocrate : « Que ton alimentation soit ta première médecine »). Bref, imaginer que l'alimentation puisse être un outil médical assez puissant pour obtenir des effets tangibles n'apparaissait pas bien sérieux. Tout cela a changé, pour plusieurs raisons.

D'abord, la prise de conscience de l'importance de la prévention. La médecine préventive a longtemps été le parent pauvre de la médecine occidentale, qui s'est toujours identifiée à une médecine curative, valorisant les exploits de la chirurgie ou de la médecine d'urgence, qui sauve de façon spectaculaire, parfois pour quelques mois ou quelques années seulement, des personnes condamnées. La médecine préventive fait moins de bruit, est moins télégénique et moins impressionnante, mais se révèle sur la durée plus efficace et économique. Face à l'explosion des coûts de santé, notamment pour les maladies chroniques, on commence à le comprendre. La prévention, c'est une modification du style de vie, or changer ses habitudes et ses repères, ça prend du temps ; et pour un médecin, l'expliquer au patient, le motiver, le suivre et l'encourager dans ses efforts, tout cela est plus compliqué que de prescrire un comprimé…

Ensuite, une vision plus écologique et juste de notre corps s'est imposée : comme toute entité vivante, ce dernier est dépositaire de capacités innées d'autodéfense et d'autoréparation. La condition pour cela est qu'il soit bien traité, c'est-à-dire bien écouté dans ses besoins fondamentaux : bien nourri, bien mobilisé, bien doté en plaisirs divers, etc. On sait aujourd'hui, en matière d'agriculture, que l'usage abusif des insecticides et des pesticides détruit les capacités de la nature à se défendre correctement, que celui des engrais épuise les sols et les rend stériles. De même, le recours systématique aux médicaments face à des oscillations de santé peut poser les mêmes problèmes de fragilisation des organismes. La prise en charge d'un certain nombre de maladies dépressives et anxieuses, de cas d'hypertension ou de diabète de type II (par surcharge pondérale) devrait commencer par des modifications du style de vie[2] : exercice physique, alimentation anti-inflammatoire, gestion du stress, etc. De même, le reflux gastro-œsophagien peut être amélioré, sur la durée, par le choix judicieux des aliments, le fait de dormir sur le côté gauche, de faire des repas moins consistants, surtout le soir, etc.[3], ce qui éviterait de nombreuses prescriptions chroniques d'inhibiteurs de la pompe à protons (IPP), lesquelles semblent comporter des risques[4]. Hélas, nombre de patients ne reçoivent pas ces conseils de style de vie.

Enfin, l'arrivée de travaux de validations scientifiques des approches thérapeutiques basées sur le style de vie est en train de profondément modifier le paysage. On ne compte plus par exemple les recherches mettant en évidence l'importance des liens corps-esprit[5]. Tous nos états émotionnels jouent un rôle — le stress, bien sûr, comme « grand aggravateur » d'à peu près tous les troubles, mais aussi les émotions positives comme « grands améliorateurs » —, d'où les effets documentés de techniques comme la méditation de pleine conscience, qui agit sur les deux versants, augmentant les émotions positives et limitant les négatives[6]. Ces travaux préparent la grande mutation de la médecine de demain : à côté des percées spectaculaires, comme celles du génie génétique, nous allons assister à l'émergence, plus discrète mais tout aussi utile, d'une véritable médecine du style de vie, qui sera amenée à réhabiliter parfois des techniques autrefois négligées ou discréditées par la médecine officielle, comme le jeûne...

Jeûner

Toutes les traditions religieuses ont abordé la question du jeûne, tout comme les médecines traditionnelles. Dans les Évangiles, « Jésus jeûna quarante jours et quarante nuits, après quoi il eut faim », nous raconte saint Matthieu. Mais ce n'est pas un miracle : la plupart des êtres humains peuvent survivre à quarante jours de jeûne (à l'expresse condition, en revanche, de boire suffisamment). Après avoir été négligée, voire combattue par la médecine moderne, la pratique du jeûne est de nouveau l'objet de travaux et de débats scientifiques.

Le jeûne n'est pas un simple régime, une modification qualitative ou quantitative de nos apports alimentaires pour maigrir ou améliorer sa santé. Il est une démarche plus radicale : la privation de nourriture, pendant un temps plus ou moins long et à intervalles plus ou moins réguliers, dans le but de provoquer un ensemble de réactions spécifiques et adaptatives. En l'absence d'apports extérieurs en glucose, indispensable source d'énergie, notre organisme commence par en synthétiser à partir des protéines du corps (présentes notamment dans nos muscles), puis, très vite, va plutôt se mettre à utiliser les lipides. En effet, nos réserves de graisse sont là pour ça : elles représentent une ressource de stockage facilement convertible en glucose, le carburant de notre organisme. Le foie se met alors à dégrader les lipides pour les transformer en corps cétoniques, qui vont remplacer sans inconvénient le glucose. L'étude des jeûnes prolongés sous contrôle médical montre que la fonte musculaire reste alors très limitée, car le stock de graisses joue parfaitement son rôle et alimente correctement tous les organes vitaux, dont le cerveau, très gros consommateur de glucose, qui n'est ni lésé ni ralenti.

Au contraire, et c'est là que les choses deviennent très intéressantes, les données disponibles montrent à ce jour chez l'humain des effets bénéfiques du jeûne sur l'humeur et la vigilance[7], et chez les animaux un accroissement des capacités d'apprentissage et de mémorisation. Globalement, il semble exister aussi un effet protecteur contre le vieillissement cérébral[8]. Les mécanismes probables sont, entre autres, un accroissement de la biodisponibilité cérébrale de la sérotonine et des endorphines. Comment expliquer cela ?

Très probablement par des raisons évolutionnistes : la plupart des espèces animales ont dû s'adapter à de longues périodes de jeûne, car la nourriture, dans les environnements naturels, est plus souvent manquante que pléthorique. De fait, ne pas manger pendant quelque temps devait non seulement être possible, mais aussi se faire sans nuire aux capacités motrices et cérébrales des animaux, ces deux conditions étant indispensables pour qu'ils puissent continuer de chercher de la nourriture. Le monde animal regorge d'exemples où la capacité de jeûne des individus va du banal à l'exceptionnel. Ainsi, les oiseaux migrateurs peuvent parcourir des milliers de kilomètres sans manger. En Antarctique, le manchot empereur peut jeûner quatre mois (notamment le mâle, lorsqu'il couve l'œuf unique pondu par sa femelle) ; le jeûne consomme environ 90 % du stock de graisses corporelles de cet oiseau pour seulement 5 % de ses protéines[9]. Il semble très probable que ces capacités d'adaptation à la privation de nourriture soient aussi présentes chez les humains, qui ont connu eux aussi de nombreuses périodes de rareté alimentaire au cours de l'évolution, la période contemporaine, où la nourriture est pléthorique pour certaines populations humaines, étant une exception.

De nombreux travaux se sont donc penchés sur les conséquences du jeûne sur notre santé : les résultats sont passionnants. Les bienfaits connus du jeûne portent à ce jour sur des maladies comme le diabète ou l'arthrose, mais il semble aussi à même d'être un facteur protecteur contre l'arthrose, les maladies de Parkinson ou d'Alzheimer, et certaines affections cardio-vasculaires. Les mécanismes sont encore loin d'être connus, mais des données étonnantes, plusieurs fois répliquées, ont récemment été obtenues dans le domaine du cancer : la pratique de jeûnes brefs avant et après les séances de chimiothérapie anticancéreuse semble de nature à en amplifier l'effet de manière très significative. Le premier promoteur de ces recherches est Valter Longo, biologiste spécialiste du vieillissement cellulaire et professeur à l'université de Sud-Californie[10]. Après avoir montré comment le jeûne augmentait la durée de vie des organismes monocellulaires, il a étendu ses recherches aux souris et à d'autres espèces : la restriction régulière des apports caloriques augmente la longévité de la plupart des organismes, mais le jeûne semble beaucoup moins bien toléré par les cellules « anormales », comme les cellules cancéreuses, qui ont de très gros besoins en énergie pour croître et se multiplier, et qu'il vulnérabiliserait donc (d'où l'efficacité accrue de la chimiothérapie)[11].

En tant que médecin, ces données m'ont impressionné, et j'ai donc décidé de faire moi-même l'expérience d'un jeûne intégral de huit jours, c'est-à-dire en ne consommant plus que de l'eau, des tisanes et des bouillons de légumes filtrés. C'est ce séjour initiatique que j'évoquais brièvement au début de ma préface. Je me souviens que quatre points m'ont alors fortement frappé :

1. la facilité à contrôler la faim, du moins quand on n'est pas exposé à un environnement incitatif, d'où l'intérêt d'apprendre à jeûner à l'écart du monde (centre spécialisé ou lieu de retraite) ;
2. la capacité à continuer une activité physique notable (dans mon cas, 3 à 4 heures de ski nordique tous les matins), sans difficultés ni hypoglycémies ;
3. le sentiment de clarté intellectuelle et l'absence de somnolence diurne, même après ces efforts physiques ;
4. le plaisir de recommencer à manger ensuite !

Il faut préciser que ce type de jeûne, librement choisi, effectué dans un environnement adapté et dont on peut sortir à tout moment, n'a rien à voir avec la privation de nourriture lors de famines ou de privations subies, dans lesquelles le stress perturbe profondément le tableau.

Le jeûne est donc dans l'air du temps en médecine, comme en écho à la vogue qu'y connaît aussi la méditation. Restriction de nourriture dans un cas ; restriction de sollicitations, d'informations et de distractions dans l'autre. Nos sociétés de pléthores à tous niveaux semblent avoir atteint leurs limites et déclenché chez l'espèce humaine une sorte de signal intuitif et vital : pour protéger notre santé et nos capacités, nous devons modifier nos conditions de vie et tourner le dos au « toujours plus » pour aller vers le « beaucoup moins », ce que certains appellent la décroissance, et d'autres la sobriété heureuse.

Dans tous les cas, il s'agit de modifications profondes de notre style de vie et de notre regard sur le monde, auquel notre petite personne appartient...

Tout sauf de l'ascétisme

Prendre soin de ses intestins, de son alimentation, jeûner de temps en temps ou régulièrement, ce n'est pas, ou pas forcément, un comportement hypocondriaque ou rigoriste, une privation ou une obsession. Cela peut même parfois, au contraire, être une forme de sagesse.

Ce qu'est la sagesse ? Du recul, du discernement, de l'ouverture à ce qui sort des sentiers battus et de nos habitudes, de notre prêt-à-penser, ce qui nous arrache à nos paresses et à nos certitudes aussi. Le philosophe André Comte-Sponville définit l'idéal de la sagesse comme « le maximum de bonheur dans le maximum de lucidité ». Le sage ne renonce pas à être heureux, tout comme la personne qui se soucie de son alimentation et de sa digestion ne renonce pas à bien manger, ni à voir la nourriture comme une source de plaisir, et pas seulement de nutriments. Mais le sage reste lucide : il ne renonce pas à des écarts éventuels, à l'occasion de fêtes ou d'invitations chez des amis ; pas question de vivre coupé du monde ou d'être un rabat-joie alimentaire !

Vous retrouverez cette sagesse dans ce livre, qui vous présente une manière souriante et réaliste de prendre soin de vous et de vos proches par de nouvelles attitudes alimentaires. En psychologie, une « attitude » englobe le comportemental (ce que je mange) et le mental (dans quel état d'esprit je le mange). C'est exactement ce qui est en jeu dans toutes les pages qui suivent : cultiver envers l'alimentation une attitude adaptée, informée, mais souriante et flexible.

C'est aussi une attitude responsable qui y est encouragée : pour soi, en étant acteur de sa santé ; pour les autres, en leur montrant que d'autres voies que celles de la junk-food ou de l'alimentation en pleine inconscience sont possibles et joyeuses ; pour la planète, en refusant d'avaler, et donc d'acheter, et donc de cautionner tous les aliments toxiques pour notre corps et notre environnement.

Vous allez le vérifier bientôt, ces évolutions s'accompagnent d'une redécouverte du plaisir lié à l'alimentation, d'une redécouverte de la grâce que représentent le fait d'en disposer et le fait de se nourrir, d'une redécouverte du respect que nous devons à la nourriture. Un retour, finalement, aux fondements simples pressentis dans la Bible par l'Ecclésiaste (9,7) : « Va, mange ton pain dans la joie, et bois de bon cœur ton vin. » Et si, après la lecture de ce livre, vous préférez remplacer le pain par des légumes lactofermentés ou du quinoa, je ne vous en voudrai pas…

Christophe André est médecin psychiatre
à l'hôpital Sainte-Anne, à Paris.
Il a publié récemment, avec Alexandre Jollien
et Matthieu Ricard,
Trois amis en quête de sagesse,
aux éditions de L'Iconoclaste.

Avant-propos

L'intuition, l'expérience et l'envie

Ce livre est une invitation à la compréhension du fonctionnement de notre corps et plus précisément des différents enjeux pour notre santé liés à nos intestins. Il est aussi un appel à un changement de nos habitudes, à la lumière des dernières études faisant acte du lien de cause à effet entre nos modes de vie et les maladies dites de civilisation.

Certes, cet ouvrage viendra sûrement secouer certaines idées reçues. D'une part, il contredit le « toujours plus », ce véritable mot d'ordre de notre société industrielle qui entend nous nourrir de ses produits et guider nos comportements. D'autre part, il renverse la croyance selon laquelle il faut attendre d'être malade pour aller chez le médecin. Mais rassurez-vous, vous trouverez dans ces pages des solutions simples, naturelles et personnalisées pour répondre à vos besoins : vous soigner vous-même et conserver toute votre vitalité.

Vous allez découvrir l'incroyable richesse de vos intestins, leur importance capitale pour votre santé et les moyens d'en prendre soin. C'est donc un appel à la vie. Êtes-vous prêt à l'entendre ?

Je suis naturopathe. Je reçois chaque année plus de mille victimes de la malbouffe et du stress. C'est à travers leurs maux que je peux dresser ce constat effrayant : nos nourritures et nos modes de vie nous tuent à petit feu.

Menus de restaurants, rayons de supermarchés, publicités, émissions télévisées, concours culinaires, fiches cuisine : partout nos papilles sont sollicitées. À toute heure, des slogans ou des affiches nous incitent à goûter, à manger, à avaler, même quand nos assiettes débordent déjà. Comme si nous devions craindre le retour brutal des grandes famines d'antan, alors qu'en ce début du XXIe siècle nous connaissons un gaspillage alimentaire sans précédent.

Pourtant, quelque chose est en train de changer. Je le vois dans la Drôme, en Corse et à Ibiza, où j'accueille des femmes et des hommes dont les corps fatigués d'avoir trop et mal mangé réclament des soins naturels. Ensemble, quand nous randonnons dans les montagnes et la campagne pour régénérer les muscles, le cœur et les poumons, nous y trouvons aussi de quoi calmer et choyer l'intestin. Car là aussi la nourriture est partout, dans les forêts, les vergers, les potagers et les sous-bois, sous la forme de plantes semées ou sauvages, mais vierges de pesticides et aussi variées que bénéfiques à nos organes. Ces fruits de la nature ne ressemblent en rien aux aliments que la ville nous propose, bariolés de fausses couleurs acidulées et vernis de graisses. Dans leur simplicité, ils nous rappellent que la frugalité a pour notre ventre des vertus que la malbouffe ignore.

Chaque année, nous sommes plus nombreux à chercher ainsi les remèdes à nos maux urbains et plus particulièrement à ceux qui, en visant nos intestins, s'attaquent en réalité à tout notre organisme.

Oui, quelque chose est vraiment en train de changer, dans un vaste mouvement qui dépasse et stimule les pratiquants de la naturopathie. Aujourd'hui, l'écologie circule dans toutes les couches de la société, elle est débattue par les chefs d'État et elle incite des millions de citoyens à prendre des initiatives individuelles et collectives. Elle est capable de se présenter comme une alternative crédible et nécessaire aux modes de production et de consommation qui régissent nos vies depuis la révolution industrielle. En dépit de tous les obstacles que lui opposent encore les défenseurs des modèles économiques établis, elle apparaît enfin et surtout comme le seul espoir pour nous protéger d'un désastre annoncé.

Dans ce contexte, la naturopathie, les programmes de jeûne, de diète et d'alimentation naturelle saine et équilibrée ne peuvent plus être considérés comme les simples lubies d'une poignée de militants du retour à la terre figés dans les utopies des années 1970. Se soigner avec les éléments que nous procure la nature se révèle comme une idée résolument moderne.

Pourtant, nous n'avons rien inventé. La naturopathie est aussi vieille que le monde. En Occident, nous l'avons oubliée pendant deux siècles d'industrialisation, mais elle a continué à survivre tant bien que mal dans les campagnes, où les anciens connaissent encore les vertus des plantes. Elle reste aussi pratiquée dans les pays tardivement touchés par l'exode rural, où le lien entre l'homme et la nature a été préservé plus longtemps. En Inde par exemple, elle constitue l'un des piliers de la médecine ayurvédique, et en Chine elle s'intègre à la médecine traditionnelle. La naturopathie n'a donc jamais vraiment disparu.

L'un de ses grands principes consiste à mettre les intestins au repos. Certains peuples d'Asie et d'Amérique du Sud le font en jeûnant. Cette tradition les préserve de bien des maladies de civilisation, qui font des ravages dans le monde industrialisé.

En France, le mot détox est aujourd'hui en vogue, mais le jeûne reste perçu comme une pratique marginale. La seule idée de restriction alimentaire est encore souvent associée à des rituels religieux, le carême des chrétiens ou le ramadan musulman, ou encore aux contraintes des régimes à la mode. Celle d'arrêter volontairement de manger pendant quelques jours dans le seul but d'améliorer durablement les défenses de son organisme a encore des progrès à faire pour lever les suspicions. Beaucoup s'imaginent une pratique réservée à des adeptes de philosophies *new age,* voire à des sectes. Et le corps médical oscille entre un franc rejet et une timide ouverture à ses bienfaits thérapeutiques.

Pourtant, non loin de nous, en Allemagne ou en Russie, le jeûne est largement pratiqué dans la population et prescrit par les autorités médicales depuis les années 1950. Aujourd'hui, du côté de Berlin et de Moscou, personne ne trouve anormal de se contenter d'eau ou de jus pour toute nourriture, le temps d'assainir les intestins et de régénérer l'organisme. Régulièrement on s'adonne au jeûne dans un souci préventif. On prend soin de ses intestins comme on prend soin de sa peau, de ses cheveux ou de tout son corps. Les sciences médicales allemandes et russes ont clairement identifié et expliqué la fonction essentielle de l'intestin : garantir l'immunité et la vitalité de notre organisme.

Partager ce savoir par l'expérience est le sens de mon action depuis plus de quinze ans. S'il fallait retenir trois mots pour éclairer mon parcours personnel et professionnel, ce serait l'intuition, l'expérience et l'envie.

Aussi loin que me portent mes souvenirs, je crois avoir toujours été passionné par les mécanismes du corps humain et par les remèdes que pouvait nous offrir la nature. Une intuition devenue certitude : l'être humain, comme n'importe quel autre organisme vivant, dépend d'abord d'un écosystème naturel plus grand que lui. L'évolution et toutes les inventions, qu'elles soient positives ou négatives, qui ont jalonné l'histoire de l'humanité ne changent rien à la nécessité de ce lien.

Enfant, je n'avais pas encore les éléments pour étayer cette intuition. Adulte, elle m'apparaît comme une certitude maintes fois prouvée. L'actualité ne cesse d'ailleurs de la confirmer : partout dans le monde nous constatons avec stupeur et effroi combien les dégâts subis par l'environnement affectent notre vie et notre santé. Chaque agression commise contre l'eau, l'air, la faune et la flore est un coup porté à l'être l'humain. Nous en sommes désormais tous conscients et nous ne pouvons plus nous voiler la face : nous avons besoin de la nature, collectivement et individuellement.

L'expérience m'a très tôt renforcé dans cette conviction. Adolescent, je souffrais d'infections pulmonaires chroniques liées à une candidose digestive (mycoses intestinales). La médecine classique n'arrivait pas à y mettre un terme. Après quatre ans de consultations et de nombreux examens, je me suis entendu dire que mon mal était irrémédiable et que je devrais le supporter le reste de mes jours. Je ne pouvais me résoudre à ce constat d'échec. J'avais envie de guérir. À 18 ans, j'ai donc pris rendez-vous avec un naturopathe. À l'époque, il y a plus de vingt ans, la démarche était audacieuse. La naturopathie était regardée avec méfiance par le corps médical. Mais qu'avais-je à perdre ?

La suite m'a donné doublement raison. Non seulement les conseils alimentaires et les huiles essentielles prescrits par ce praticien ont vaincu mes maux, mais ils m'ont aussi convaincu d'explorer de manière professionnelle les possibilités curatives de la nature. J'avais trouvé ma voie.

Ensuite, au cours de mes études, j'ai pu tester toutes sortes de cures. J'ai adopté un régime à tendance végétarienne, je me suis mis au yoga et je me suis penché sur toutes les solutions pouvant m'aider et soulager mes proches de leurs pathologies. Au cours de mon expérience professionnelle, je me suis vite rendu compte de l'importance de notre alimentation et de l'impact de notre système digestif sur notre santé générale.

Pourtant, bien que convaincu des bienfaits de la naturopathie, il est important que j'en souligne les limites. En effet, à mes débuts, les gens venaient me consulter pour des pathologies déjà déclarées, et après avoir épuisé tous les recours thérapeutiques. Or la naturopathie reste idéalement un outil de prévention, et le naturopathe un éducateur de santé qui fonde sa pratique sur l'hygiène alimentaire.

En somme, le credo de la naturopathie pourrait se résumer ainsi : pour se donner le maximum de chances de ne pas tomber malade, il suffit d'adopter quelques bons réflexes. Des réflexes simples, à la portée de tous, applicables quotidiennement, qui se substitueront peu à peu aux mauvaises habitudes alimentaires, sources de trop de maux. Il faut donc vouloir se soigner préventivement, quand le corps va encore bien. C'est dans cet esprit que j'ai créé un centre de thérapie naturelle, dont tout le programme stimule l'envie de prendre soin de soi, en commençant par ce qui nous affecte directement : notre nourriture et notre activité physique. Cette envie, l'une des clés de ma vie, a aussi déterminé l'écriture de cet ouvrage consacré aux intestins, à la nécessité et aux moyens de les soigner. Avec ce livre, je veux maintenant vous la donner et vous la faire partager.

Changer pour renaître

De nombreuses études nous démontrent que la plupart de nos problèmes de santé sont liés à nos modes de vie. Stress de nos environnements urbains, compétition au travail, exigences de performance, inquiétude de lendemains incertains, fatigue des transports, manque d'exercice physique, envie de consommation sollicitée en permanence, et, bien sûr, repas déséquilibrés et excès d'aliments industriels. Les maladies qui en résultent sont bien des maladies de civilisation. Elles portent des noms que nous connaissons tous : surpoids, obésité, diabète, affections cardio-vasculaires, cancer… Parmi nous, qui n'a jamais eu dans son entourage une victime de l'un de ces maux ?

Les nouvelles générations subissent déjà les conséquences de nos modes de vie détraqués. Des recherches montrent que les enfants qui naissent aujourd'hui sont plus enclins à être malades que leurs propres parents, un constat inquiétant[1]. Si l'on considère que ce qui caractérise l'homme est sa capacité à s'adapter, cette mauvaise santé est-elle le signe d'une désadaptation progressive ? Sommes-nous condamnés à disparaître à plus ou moins long terme, comme certaines espèces animales ? « Tout ce qui ne me tue pas me rend plus fort », écrivait le philosophe Friedrich Nietzsche. Las ! Il semblerait bien que nous ne soyons plus si forts que ça…

Pourtant, de toutes parts, nous sommes incités à ne rien changer. Difficile de résister face aux rayons bien remplis d'un supermarché. L'abondance et le rythme effréné de nos vies ne nous aident guère à nous arrêter pour réfléchir. Cela semble beaucoup plus confortable de manger ce nous voulons à n'importe quelle heure et à n'importe quelle sauce, de prendre l'ascenseur plutôt que l'escalier, ou la voiture plutôt que le vélo. Nous sommes aussi désormais suffisamment informés pour ne plus ignorer les dégâts écologiques que créent la surproduction et la consommation. Épuisement des ressources naturelles, guerres du pétrole, gaspillage outrancier, pollution des déchets, élevage industriel du bétail, agriculture chimique, filières alimentaires douteuses... la liste est longue.

Si nous ne voulons pas trop y penser, notre corps, lui, nous rappelle à l'ordre : prise de poids, souffle court, fatigue musculaire, perte d'énergie. Notre santé nous alerte par de multiples signes quand nous mangeons trop gras ou trop sucré et quand nous rechignons à l'exercice pour nous débarrasser des kilos superflus. Nos organes, et plus particulièrement nos intestins, réagissent, parfois violemment, quand nous avalons trop de viande et pas assez de légumes ou de fruits frais, ou quand nous ignorons la qualité dans nos assiettes au profit de la quantité.

Alors si nous arrêtions d'attendre la douleur pour décider de nous soigner ? Et si, une fois le traitement administré, nous évitions de replonger dans les mauvais comportements alimentaires qui l'ont provoquée ?

Ce livre a pour but de susciter l'envie de prendre soin de votre santé jour après jour. Je l'ai écrit pour prouver que la désintoxication du corps est non seulement possible, mais facile, aussi facile que de prendre une nouvelle habitude et de se laisser porter par elle. Il vous explique comment fonctionne votre intestin et comment le mettre au repos avec une alimentation choisie, des recettes simples et des jeûnes de bien-être. Il vous propose de faire un voyage en vous-même pour mieux vous connaître. Il vous invite à renaître.

Partie I

Visite guidée : les clés pour comprendre le fonctionnement de vos intestins

La digestion, étape par étape

Depuis quelques années, les chercheurs portent un regard neuf sur notre intestin, et plus particulièrement sur notre microbiote intestinal (anciennement appelé flore microbienne). Ils s'interrogent sur les relations qu'entretient cet organe avec nos modes de vie et sur la manière dont il réagit face aux maladies de civilisation comme le surpoids, l'obésité, les affections cardio-vasculaires et certains cancers. Des études nous parlent même de l'intestin comme d'un deuxième cerveau. Une nouveauté ? Pas vraiment. Car ces découvertes et ces hypothèses recoupent les savoirs des vieilles traditions ayurvédiques et taoïstes qui reconnaissent depuis longtemps le ventre comme source de santé et de maux potentiels...

Comme tous les êtres vivants, nous avons besoin d'aliments pour vivre. C'est en les digérant que nous les transformons en micronutriments capables de passer et d'agir dans tout notre organisme. Pour assurer cette fonction, notre système digestif travaille comme une véritable usine de démontage alimentaire. Chacun de ses organes y accomplit des tâches spécifiques pour absorber plus de 90 % des protéines, des graisses et des glucides que nous avalons, et un pourcentage un peu plus faible de vitamines et de sels minéraux. Tous ces éléments indispensables à notre santé et à notre énergie transitent par l'intestin. Il est donc le réceptacle et le garant des nourritures qui nous construisent et nous réparent. Celles qui, en somme, nous font. Si nous pouvons dire que « nous sommes ce que nous mangeons », l'intestin en est le témoin privilégié.

Afin de nous familiariser avec son fonctionnement, commençons par un voyage au sein de notre tube digestif…

À l'approche du repas, tous nos sens sont en éveil. Avant même la première bouchée, cette agitation sensorielle lance le signal de départ de la digestion. La bouche salive, l'estomac se contracte, le pancréas et la vésicule biliaire sécrètent les sucs digestifs, l'organisme est prêt à digérer.

La préparation et la cuisson réduisent et ramollissent les aliments pour les rendre plus aisés à ingérer. La digestion continue ce travail de transformation des matières étape par étape. Arrêtons-nous à chacune d'elles.

Les acteurs du système digestif

➡ La bouche

La digestion y commence mécaniquement avec la mastication. Elle humidifie les aliments tandis que les dents les coupent, les écrasent en petits morceaux et brisent les fibres, pour faciliter leur passage et l'action des sucs digestifs. Avec la mastication débute aussi la digestion des glucides (voir page ci-contre).

Mises en appétit, les glandes salivaires commencent leur sécrétion avant même l'ingestion du premier aliment. Elles produisent deux types de salive. La première, sécrétée à l'avant de la bouche, est destinée à humidifier les aliments pour mieux les compacter. La seconde, issue du fond de la bouche, plus visqueuse, sert à lubrifier leur passage. La langue les pousse vers l'arrière où ils glissent dans l'œsophage pour être acheminés jusqu'à l'estomac. La salive contient aussi des enzymes (voir page ci-contre), des protéines qui accélèrent les processus chimiques. Ces enzymes commencent à digérer les glucides (contenus par exemple dans l'amidon du pain ou des pâtes) en les transformant en glucose, un sucre capable de passer dans le sang.

Les enzymes, briseuses de molécules

Les enzymes sont des protéines fabriquées par l'organisme et destinées à provoquer ou à faciliter des réactions chimiques indispensables à la vie. Il en existe des dizaines de milliers, chacune adaptée à une réaction chimique particulière. Durant la digestion, elles ont pour fonction de fractionner les molécules complexes en éléments plus simples et plus facilement absorbables par le tube digestif et l'organisme.

Les glucides : oui, mais

Les glucides sont des molécules qui constituent une grande part des sources d'énergie du corps. L'organisme les garde en réserve et les brûle lorsqu'il doit faire un effort. On les qualifie généralement de « sucres » et on distingue les sucres rapides et les sucres lents.
Les sucres rapides se stockent très vite dans l'organisme. On les trouve dans les sucres (blanc, roux ou à l'aspartame) et dans toutes les préparations qui en contiennent (biscuits, gâteaux, bonbons) ainsi que dans les produits issus de farine blanche (pain de mie, baguette). Ces glucides sont surconsommés, car ils sont en excès dans les aliments industriels…
Les sucres lents, plus difficiles à décomposer, fournissent un taux de glucose moins important dans le sang et saturent moins l'organisme. On les trouve dans les flocons d'avoine, le pain complet, les pâtes, les pommes de terre, le riz complet ou les lentilles, et — sous forme de fructose naturel — dans les fruits et le miel.

Durant cette première étape de la digestion, il est indispensable de mâcher suffisamment longtemps ses aliments. Plus les aliments sont réduits, moins l'intestin aura d'efforts à produire pour les traiter. Cette lente mastication offre un autre avantage : elle nous évite de nous jeter sur la nourriture et de manger plus que de raison…

➡ L'estomac

Les aliments en provenance de la bouche arrivent par l'œsophage jusque dans l'estomac. Celui-ci est fermé par un muscle en forme d'anneau (un sphincter) qui, normalement, ne laisse passer les aliments que dans un seul sens pour éviter tout reflux.

La paroi de l'estomac est constituée de muscles robustes dont les contractions brassent les aliments et les réduisent en plus petits morceaux. Cette paroi sécrète des sucs dits gastriques, mélange d'enzymes et d'acide chlorhydrique.

Dans l'estomac, ces sucs commencent la digestion des protéines et des lipides (voir ci-dessous) en les cassant pour les diviser en plus petits éléments, les acides aminés et les acides gras. Seuls les glucides échappent momentanément à la voracité des enzymes, empêchées d'agir par la trop forte acidité ambiante. L'alcool, lui, est partiellement digéré par une enzyme spécifique et peut ainsi commencer à passer dans le sang. C'est ce qui explique pourquoi l'ivresse vient si rapidement, en particulier chez une personne qui n'a rien mangé.

Une fois le travail de l'estomac achevé, les aliments en partie digérés et mélangés aux sucs gastriques forment une bouillie, le chyme. C'est cette sorte de masse crémeuse qui est progressivement évacuée vers l'intestin grêle en passant par un autre sphincter, le pylore. La durée du passage des aliments dans l'estomac varie selon la quantité ingérée et leur teneur en graisses. Plus un repas est gras, plus sa digestion sera longue.

Les lipides, bonnes ou mauvaises graisses ?

Matières grasses animales et végétales, les lipides sont les macronutriments qui constituent la réserve d'énergie de l'organisme. Ces acides gras et leurs dérivés conditionnent le bon fonctionnement de nos cellules, favorisent le transport de certaines protéines dans le sang et servent à la fabrication de certaines hormones (notamment sexuelles). Cependant, tous n'ont pas les mêmes qualités. Certains, pris sans modération, peuvent boucher les artères. Les acides gras « trans », issus des processus industriels caractéristiques des nourritures de fast-food, sont à proscrire, car ils augmentent les risques de maladie cardio-vasculaire. Les acides gras saturés, comme ceux du chocolat ou du beurre, sont à prendre modérément. Les acides gras mono-insaturés, que l'on trouve entre autres dans l'huile d'olive, l'avocat, les amandes ou les noisettes, sont plutôt bénéfiques pour la santé. Quant aux acides gras oméga 3 — efficaces pour la vue et contre les comportements dépressifs —, ils sont dits « essentiels », car le corps ne peut les fabriquer. Les poissons comme la sardine, le hareng, le maquereau et les anchois en regorgent.

➡ L'intestin grêle

En anatomie, on appelle « lumière » l'intérieur de l'intestin. Le bol alimentaire, devenu le chyme après son passage dans l'estomac, y entre progressivement. Il commence alors un long voyage, puisque l'intestin grêle mesure de 6,5 à 7 mètres de long.

Dès son arrivée dans la lumière intestinale, le chyme subit l'action de nouveaux sucs digestifs. Ces sucs finissent de transformer les glucides en sucres simples, les protéines en acides aminés et les lipides en acides gras. La bile, un liquide verdâtre fabriqué par le foie et stocké dans la vésicule biliaire, les rend solubles et facilite leur absorption. Beaucoup de liquide circule donc dans l'intestin grêle : sur les 9 litres qui y entrent tous les jours, à peine plus de 2 litres proviennent de l'ingestion directe de liquide, et le reste — 7 litres ! — est issu des sécrétions. L'essentiel de cette eau sera absorbé au cours du processus de digestion.

Pendant que la digestion chimique s'effectue, les contractions de l'intestin grêle font avancer les aliments. Ce long trajet donne le temps nécessaire aux nutriments pour traverser sa paroi et se diffuser dans tout l'organisme.

Ils bénéficient pour cela d'un terrain extraordinairement vaste, fin et complexe. L'intestin est vallonné de gros replis et couvert de « poils » de moins d'un millimètre de haut — les villosités — qui donnent à ses parois l'aspect velouté d'une moquette. Chacun de ces poils est revêtu d'une couche de cellules, les entérocytes, qui meurent et se renouvellent tous les trois à quatre jours. La surface des gros replis, ajoutée à celle des villosités et des entérocytes, forme une étendue d'environ 250 mètres carrés, soit cent fois plus que notre peau. La taille de deux courts de tennis ! C'est sur cet immense terrain que les entérocytes trient et récupèrent les acides aminés, les sucres simples et les acides gras avant de les envoyer vers les vaisseaux lymphatiques et sanguins.

Collés les uns à côté des autres en « jonctions serrées », ils forment la barrière de l'intestin grêle. Ils ne laissent passer à travers sa paroi que les macromolécules nécessaires à l'organisme (les aliments issus de la digestion, l'eau, les minéraux) et empêchent la diffusion des bactéries ou des molécules étrangères. Mais si leurs « jonctions serrées » sont altérées, l'intestin n'est plus imperméable : de grosses molécules d'origine alimentaire ou bactérienne peuvent se frayer un passage et déclencher des inflammations de l'intestin, des allergies ou des maladies auto-immunes (c'est-à-dire liées au fonctionnement même de l'organisme), comme la maladie de Crohn. Ces maladies évoluent de façon chronique tout au long de la vie, avec des phases de poussées et de rémissions.

➡ Le gros intestin

L'intestin grêle ayant absorbé 90 % des substances, seuls le peu d'eau restant (moins de 1 litre) et les matières indigestes, comme les fibres, se retrouvent à l'entrée du gros intestin. Ce dernier est plus court que l'intestin grêle — il ne mesure que 1,5 mètre —, et son premier travail est de récupérer cette eau et de compacter ces matières. Le chyme, solide ou semi-solide, se transforme alors en selles. Les bactéries y grouillent. Elles sont si nombreuses qu'elles représentent jusqu'à 30 % du poids des selles ! Ne vous affolez pas, il n'y a là rien d'anormal. Les bactéries sont des milliards à vivre dans la lumière de notre intestin... pour son plus grand bien ! Elles le protègent d'éventuelles agressions d'agents étrangers et jouent un rôle fondamental dans la digestion.

Elles font fermenter les restes de glucides et les évacuent sous forme de gaz. Ces gaz peuvent dégager une odeur très incommodante quand ils sont issus de la fermentation de résidus d'aliments riches en soufre (comme les choux, les oignons, le fromage, les œufs) ou en protéines du lait.

Elles convertissent les protéines subsistantes en acides aminés et décomposent ces derniers en substances plus simples : indole, scatole, sulfure d'hydrogène et acide gras. Une partie de l'indole et du scatole (voir ci-dessous) est éliminée dans les selles et contribue à leur odeur ; les restes sont absorbés et transportés jusqu'au foie, où ils sont convertis en substances moins toxiques et évacués dans l'urine.

Les bactéries produisent également des enzymes et un grand nombre de vitamines, dont la vitamine K, qui favorise la coagulation sanguine, le bon état des artères, des vaisseaux, des tendons et des cartilages, la fixation du calcium sur les os, ainsi que le contrôle des états inflammatoires. Il vaut donc mieux être prudent dans l'utilisation d'antibiotiques : en détruisant les bactéries, ils peuvent aussi détruire des sources de vitamines...

Le gros intestin possède quatre grands segments : le cæcum, le côlon, le rectum et l'anus. Le chyme transformé en selles met de 3 à 10 heures pour y transiter avant d'être évacué. Outre les bactéries, ces selles sont composées d'eau, de sels inorganiques, de cellules détachées de la muqueuse du tube digestif, de produits de décomposition bactérienne, de matières digérées qui n'ont pas été absorbées et de substances non digestibles contenues dans la nourriture.

L'odeur...

Des selles qui sentent peu sont un signe de bonne alimentation et de bonne santé intestinale. Si elles sentent fort, c'est qu'elles contiennent du scatole et de l'indole. Le scatole est un composé issu de la putréfaction des protéines. Il appartient à la famille des indoles, composés organiques naturellement présents dans le tryptophane (un acide aminé), les protéines et certains alcaloïdes et pigments, comme l'indigo. À faible dose, l'indole sent pourtant très bon, puisqu'il est notamment utilisé en parfumerie pour recréer l'odeur du jasmin...

La couleur…

Nos selles doivent leur couleur à la bilirubine, un pigment jaune produit de la dégradation de l'hémoglobine et de protéines du sang, ainsi qu'à la stercobiline, un pigment brun excrété par la bile. La couleur est un indicateur de la santé du système digestif. Un brun moyen est une couleur saine, même s'il est nuancé de vert, de rouge ou de noir, qui reflètent la couleur des aliments ingérés. En revanche, un noir très sombre peut signaler le saignement d'un organe digestif, tout comme la présence visible de traînées de sang. Une teinte pâle et cendrée peut indiquer des problèmes de pancréas ou de foie (la bile ne sécrétant pas de stercobiline). Des selles jaunes peuvent être dues à un problème d'absorption de certains aliments (le gluten par exemple).

Même si c'est l'intestin grêle qui récupère l'essentiel de l'eau, le gros intestin en assimile assez (entre 0,5 et 1 litre) pour avoir un rôle important dans l'équilibre hydrique de l'organisme. Selon la liquidité des selles, les mouvements de masse poussent plus ou moins rapidement les matières fécales du côlon dans le rectum. Stimulé, un premier sphincter, interne, s'ouvre automatiquement pour les laisser passer. Le sphincter externe, dernier de ce circuit, est en revanche soumis à notre volonté. La défécation n'a lieu que lorsqu'on le relâche…

… et la forme

La forme reflète l'état de notre transit intestinal. L'évacuation régulière et quotidienne de selles lisses, solides, un peu moelleuses et longues de 20 à 30 centimètres, révèle une bonne santé. Des selles trop étroites peuvent signaler un problème d'obstruction dans le gros intestin. Trop petites, dures et grumeleuses, elles sont signe de constipation. Trop liquides ou facilement désintégrables, elles indiquent une diarrhée, dont les causes peuvent être multiples…

Les 6 grandes actions du système digestif

➡ Ingestion

Processus par lequel on prend les aliments solides et liquides dans la bouche.

➡ Sécrétion

Les cellules et les parois du tube digestif ainsi que les organes annexes sécrètent chaque jour dans le tube digestif environ 7 litres de liquide où se mêlent acides et enzymes.

➡ Brassage et propulsion

L'alternance des contractions et du relâchement des muscles du tube digestif mélange les aliments et les sécrétions et les fait avancer jusqu'à l'anus. Cette propriété s'appelle la « motilité ».

➡ Digestion

Les aliments ingérés sont réduits en petites molécules par les processus mécaniques et chimiques. Seules quelques substances peuvent être absorbées sans digestion chimique : les acides aminés, le cholestérol, le glucose, les vitamines, les minéraux et l'eau.

➡ Absorption

Les liquides sécrétés, les petites molécules et les ions qui résultent de la digestion sont absorbés par les entérocytes et les autres cellules qui tapissent la lumière du tube digestif. Ces substances passent ensuite dans la lymphe et le sang pour être acheminées dans tout l'organisme.

➡ Défécation

Les déchets, substances non digestibles, bactéries et cellules qui se détachent de la muqueuse du tube digestif, ainsi que les matières digérées qui n'ont pas été absorbées, quittent le corps par l'anus.

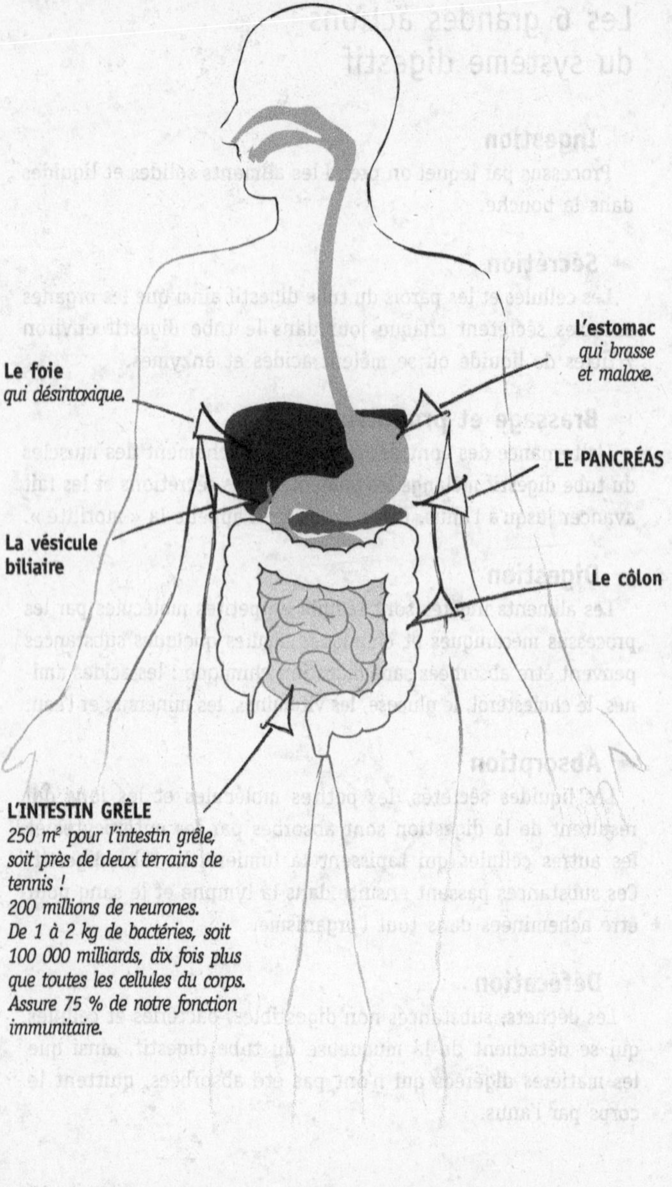
L'estomac
qui brasse
et malaxe.
Le foie
qui désintoxique.
LE PANCRÉAS
La vésicule
biliaire
Le côlon
L'INTESTIN GRÊLE
250 m² pour l'intestin grêle,
soit près de deux terrains de
tennis !
200 millions de neurones.
De 1 à 2 kg de bactéries, soit
100 000 milliards, dix fois plus
que toutes les cellules du corps.
Assure 75 % de notre fonction
immunitaire.

Dans la lumière des intestins

L'intestin est, de très loin, le roi des chambres d'hôtes : il renferme en effet dans sa lumière 100 000 milliards de bactéries, qui pèsent environ 1,5 kg. Un chiffre inimaginable, dix fois supérieur à celui de la totalité des cellules de l'organisme, qui s'explique par le fait que les bactéries sont bien plus petites que les cellules et qu'elles ne comportent pas de noyau. Ce sont néanmoins des organismes vivants établis en écosystème. Ils constituent l'essentiel de notre microbiote, un véritable « organe » qui, grâce à d'innombrables réactions chimiques, produit des substances bénéfiques et indispensables à notre santé.

Au royaume des bactéries

Le microbiote intestinal est composé de 500 à 1 000 espèces différentes de bactéries, réparties en niches tout au long du tube digestif. Plus on descend dans l'intestin, plus elles sont nombreuses.

Ceux que le mot « bactérie » effraie peuvent se rassurer. D'une part parce que la couche muqueuse de l'intestin les empêche normalement d'envahir l'organisme. D'autre part parce qu'il n'existe pas de « bonnes » ou de « mauvaises » bactéries dans un intestin au fonctionnement harmonieux. Une flore intestinale est d'abord constituée de colonies en équilibre, et seul cet équilibre lui permet de bien fonctionner. Ainsi, des bactéries non pathogènes se fixent sur la paroi de l'intestin pour empêcher les bactéries pathogènes de prendre des points d'ancrage. Par ailleurs, de nombreuses espèces sécrètent des substances bactéricides, sortes d'antibiotiques naturels qui détruisent les espèces potentiellement dangereuses. Un microbiote intestinal bien équilibré neutralise aussi les substances nocives comme les polluants, les métaux lourds ou les déchets métaboliques.

Cette capacité à produire des anticorps pour tuer les bactéries indésirables et les virus ennemis fait de l'intestin grêle un organe dit « lymphoïde ». Il protège notre immunité. Notre corps contient d'autres éléments lymphoïdes, comme la rate, la moelle osseuse, les ganglions et certaines cellules circulant dans le sang. Mais grâce à sa taille et à la richesse de son microbiote, l'intestin grêle reste le champion de nos organes immunitaires : il représente à lui seul plus de la moitié des tissus lymphoïdes de l'organisme.

Bactéries, virus et microbes

Attention à ne pas confondre bactéries et virus. Les premières sont des micro-organismes vivants, unicellulaires et sans noyau, présents dans tous les milieux. Certaines peuvent être porteuses d'infection. Tout aussi microscopiques, les virus sont en général des germes pathogènes. Ils ne peuvent se répliquer qu'en pénétrant dans une cellule et en l'utilisant. Quant au mot « microbe », il définit communément tous les micro-organismes vecteurs de maladies ou d'infections : bactéries, virus et champignons.

Le microbiote, chef d'orchestre de notre santé

Le microbiote ne se limite pas au microbiote intestinal : si l'immense majorité de ces milliards de micro-organismes — bactéries, levures, moisissures, virus — vit confortablement dans l'intestin, les autres se trouvent dans la bouche, le nez, les poumons, sur la peau et dans le nombril, mais aussi dans le cerveau et le vagin. C'est une communauté vivante complexe, qui s'entretient et prospère tout en travaillant à l'équilibre du métabolisme. Elle ne présente jamais une composition identique d'une personne à une autre, même chez les vrais jumeaux. Ces bactéries sont pour 99 % d'entre elles « résidentielles », c'est-à-dire fixées à l'intestin ; les autres sont « opportunistes ».

Le microbiote est un véritable chef d'orchestre du corps : s'il est équilibré, tout est harmonieux, s'il va mal, c'est la cacophonie. Un microbiote en bonne santé représente la meilleure protection contre les microbes pathogènes, mais pas seulement contre eux. La médecine commence à comprendre que de nombreuses pathologies non infectieuses dépendent également de sa capacité à réagir. Ainsi, il jouerait un rôle dans l'apparition de plus en plus fréquente de la maladie de Crohn — que les seuls facteurs génétiques ne suffisent pas à expliquer — et dans le développement du syndrome de l'intestin irritable. Dans ces deux cas, plusieurs études ont montré que certaines souches de bactéries du microbiote étaient altérées. Dans des cas de diabète ou d'allergies, les chercheurs ont noté l'excès de certaines espèces de bactéries au détriment d'autres souches. Un déséquilibre du microbiote peut aussi ouvrir la voie à des maladies métaboliques (comme l'obésité ou l'intolérance au gluten) et neuropathologiques (comme la dépression ou les maladies neurodégénératives).

Malgré ses capacités d'autorégulation, le microbiote intestinal reste un ensemble sensible. Sa qualité tend à diminuer avec l'âge et plusieurs facteurs peuvent le déstabiliser : les traitements médicamenteux (comme les antibiotiques ou les chimiothérapies anticancéreuses), les germes infectieux (comme la salmonelle), les modifications du transit (comme les diarrhées ou la constipation) mais aussi la dénutrition ou le déséquilibre alimentaire. En effet, de nombreuses bactéries ont besoin pour se développer d'une grande variété de fibres qui peuvent fermenter. Les priver de céréales complètes, de légumineuses, de fruits et de légumes revient à les affaiblir et à limiter l'action bénéfique de toute la flore intestinale.

Les symptômes d'un microbiote malade

Quand votre microbiote va mal, vous en ressentez les symptômes, qui varient selon le mode de vie et les prédispositions de chacun.

En voici les principaux :

- **douleurs abdominales, musculaires, articulaires** ;
- **troubles digestifs** : sensation de lourdeur dans l'estomac, nausées, ballonnements, gaz, diarrhées, constipation, démangeaisons anales ;
- **troubles physiologiques** : accélération du vieillissement, prise ou perte de poids, baisse d'énergie, baisse de la fonction sexuelle, étourdissements, engourdissements et fourmillements des mains et des pieds ;
- **troubles de l'immunité** : allergies, infections ;
- **troubles neurologiques** : maux de tête, anxiété, cerveau embrumé, perte de concentration et de mémoire, état dépressif, baisse de la libido ;
- **problèmes inflammatoires** : arthrite, chevilles enflées ;
- **problèmes dermatologiques et capillaires** : sécheresse, eczéma, éruptions, chute de cheveux, cheveux ternes.

En raison de cette fragilité, le microbiote demande des soins préventifs. Ils sont d'autant plus nécessaires que l'intestin n'apparaît plus seulement comme un organe digestif. Aux yeux de la science, il est désormais aussi considéré comme un « deuxième cerveau », un organe intelligent en interaction permanente avec nos émotions et notre stress...

En bref
L'intestin c'est...

- **Une superficie** de 250 m^2 pour l'intestin grêle... Soit près de deux terrains de tennis !
- **Un deuxième cerveau**
  Il recèle 200 millions de neurones.
  Il est en échange permanent avec le cerveau *via* le nerf vague.
  Il assure 95 % de la production de la sérotonine, une hormone apaisante.
- **Un réservoir de bactéries**
  Il compte 1 à 2 kg de bactéries. Au nombre de 100 000 milliards, elles sont cent fois plus nombreuses que toutes les cellules du corps.
- **La garantie de l'assimilation**
  Il assimile plus de 90 % des nutriments indispensables à notre vie : les macronutriments (glucides, lipides et protéines) et les nutriments (vitamines, oligoéléments et sels minéraux).
- **Le gardien du temple**
  Il assure 75 % de notre fonction immunitaire.

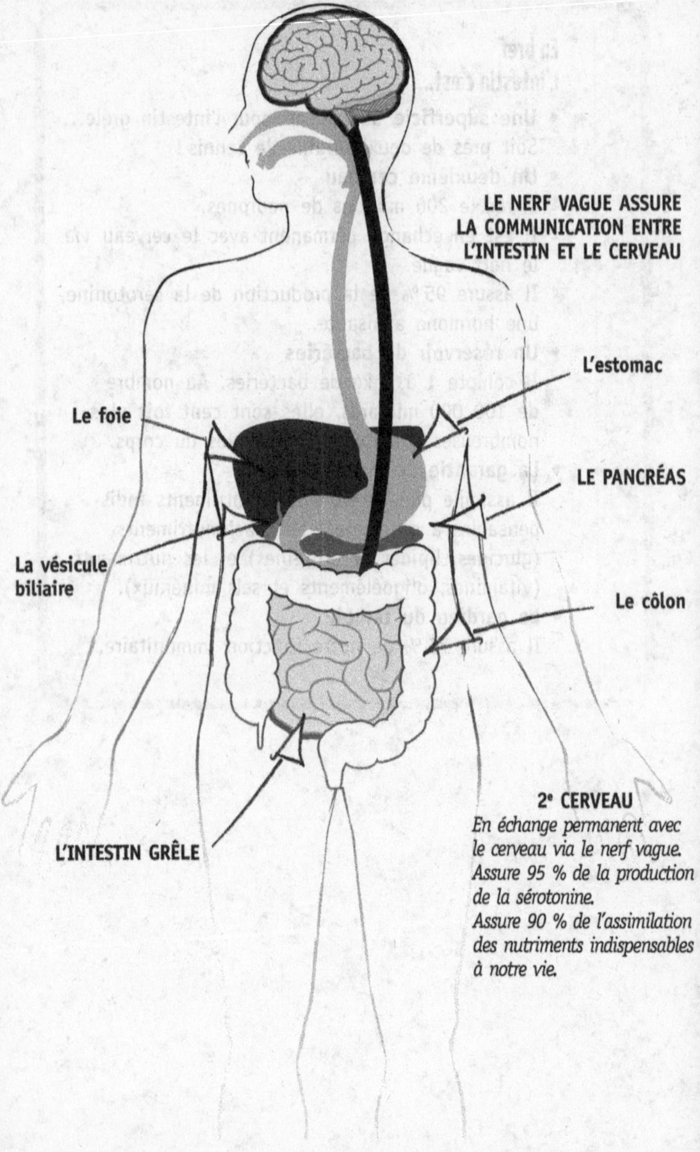
LE NERF VAGUE ASSURE
LA COMMUNICATION ENTRE
L'INTESTIN ET LE CERVEAU
L'estomac
Le foie
LE PANCRÉAS
La vésicule
biliaire
Le côlon
2e CERVEAU
En échange permanent avec
le cerveau via le nerf vague.
Assure 95 % de la production
de la sérotonine.
Assure 90 % de l'assimilation
des nutriments indispensables
à notre vie.
L'INTESTIN GRÊLE

Comment le stress nous affecte

Ce qui est important,
ce n'est pas ce qui nous arrive,
c'est la manière dont on le prend.

Hans Selye

Qui n'a jamais eu une « boule » au ventre à la veille de la rentrée scolaire, à l'approche d'un examen ou à l'annonce d'un rendez-vous important ? Qui n'a jamais connu cette sensation d'avoir les intestins noués, parfois au point de devoir courir aux toilettes pour se soulager d'une douleur soudaine ? Il n'est nul besoin d'être médecin pour faire le lien entre le stress et le travail intestinal : nous l'avons tous vécu.

Pourtant, pour comprendre comment l'angoisse, un facteur psychologique extérieur, peut provoquer des chamboulements physiologiques au plus profond de notre corps, il faut expliquer comment fonctionne le stress et à quoi il sert.

Le physiologiste canadien Hans Selye en a défini la notion en 1936. Il présente le stress comme une réaction de l'organisme à toute demande qui lui est faite : il peut s'y adapter ou s'en défendre. Dans l'un ou l'autre cas, il réagit. À l'origine, donc, le stress n'est pas décrit comme un facteur positif ou négatif (voir ci-dessous). Une grande joie autant qu'une grande peine peuvent provoquer une réaction du corps, notamment en faisant couler des larmes...

En réalité, le stress n'est bon ou mauvais qu'en fonction de ce qu'en fait notre organisme. Il est « bon » quand l'intensité de la réaction de l'organisme est en rapport avec la situation à affronter.

Il est « mauvais » quand la gravité de la situation est surévaluée. Il peut alors se transformer en hyperstress et provoquer des réactions de l'organisme plus violentes et plus nocives que le simple stimulus auquel il cherche à répondre. Lorsqu'il est intense et prolongé, ce mauvais stress affecte sérieusement notre santé.

Hans Selye a montré dans ses recherches que nous disposons de deux types d'énergie pour nous adapter au stress : une énergie superficielle vite disponible et renouvelable (celle qui est régénérée par le repos et une nourriture adaptée) ; et une énergie profonde et non renouvelable que nous devons économiser. C'est celle-là qui est sérieusement mise à mal par la prolongation d'un mauvais stress.

Positif ou négatif ?

Aujourd'hui, les thérapeutes nomment deux types de stress, le stress positif (*eustress*, en anglais) et le stress négatif (*distress*).

- **Le stress positif** : provoqué par un événement heureux ou espéré — un mariage, une naissance, un voyage, etc. —, ce stress agit comme un stimulant agréable qui nous permet de vivre plus pleinement la situation. Une fois l'excitation passée, le corps retrouve son équilibre normal.
- **Le stress négatif** : il apparaît quand le corps doit affronter une situation désagréable et n'a le choix qu'entre la lutte ou la fuite. La répétition du stress négatif mine progressivement notre capacité à nous adapter.

Les trois phases du stress

Parfois, alors que nous sommes calmes, nous avons l'impression qu'il se déclenche subitement par crises, qu'il déboule à l'improviste à l'occasion d'un événement inattendu sans que nous puissions le contenir. D'autres fois, au contraire, nous sentons qu'il reste sournoisement tapi en nous, qu'il nous envahit d'émotions négatives et qu'il génère une anxiété sourde, permanente et inexplicable...

En réalité, le stress n'a rien d'irrationnel. C'est un processus organisé dont les manifestations dans l'organisme passent par trois phases : l'alarme, la résistance, puis l'épuisement.

➡ La phase d'alarme

C'est l'étape initiale qui permet au corps de se préparer à la lutte ou à la fuite. À ce stade, le stress est la manifestation de notre instinct de survie, gravé dans notre cerveau reptilien et réveillé par l'inconnu ou l'inattendu. Un signal est transmis au cortex et le corps se prépare naturellement à l'agression. Les glandes surrénales sont stimulées pour libérer des hormones — comme l'adrénaline — qui le soutiendront dans la fuite ou le combat face à l'épreuve. Le rythme cardiaque et la tension artérielle augmentent, certains muscles se contractent et du glucose est libéré dans le sang.

➡ La phase de résistance

C'est un temps d'adaptation, si l'organisme a survécu au premier stade. Cette phase permet de devenir résistant au stress : le corps trouve des stratégies pour s'accommoder d'une agression qui dure, il apprend à résister à la faim, au froid, à l'effort... L'organisme libère du cortisol (une hormone qui intervient dans la régulation de la tension artérielle, de la fonction cardio-vasculaire, de la fonction immunitaire), de la dopamine (l'hormone du plaisir), des endorphines (l'hormone du bien-être) et de la sérotonine (l'hormone du sommeil et de l'apaisement). Il tente de rassembler toutes ses ressources afin de trouver un nouvel équilibre. À ce stade, le stress est considéré d'un point de vue biologique comme un agent stimulant bénéfique pour l'organisme, qui lui permet de réagir pour survivre à des situations de danger potentiel.

➡ La phase d'épuisement

C'est le moment où l'afflux hormonal inhabituel entraîne des gestes inutiles, de l'angoisse, des troubles digestifs, de l'insomnie. Ajoutées à l'agression initiale, ces perturbations augmentent encore les dépenses énergétiques et, à la longue, dépassent les capacités de gestion du corps. L'excès de cortisol bloque la production de nouveaux neurones dans l'hippocampe (région du cerveau qui agit sur l'humeur), ce qui mène à la dépression.

Les défenses immunitaires perdent du terrain et un état de tension excessive s'installe. Faute de réserves d'énergie suffisantes, le corps se détraque, et la faillite du système immunitaire le laisse à la merci des maladies opportunistes.

Les conséquences physiques du stress sur…

➡ Le cœur

Le rythme cardiaque s'accélère. Le muscle du cœur est appelé à se contracter plus rapidement pour apporter plus de sang aux muscles et aux cellules.

➡ Les vaisseaux sanguins et le sang

La pression artérielle augmente pour activer la circulation, ce qui accroît le risque d'hypertension, de dépôts de graisses au niveau des vaisseaux (plaques d'athérome) et de durcissement des artères, ainsi que d'un épaississement du sang, et provoque donc des risques d'accidents vasculaires cérébraux.

➡ La peau

Elle est moins bien nourrie, ce qui engendre acné, psoriasis, eczéma…

➡ Les poumons

Le rythme respiratoire s'accentue pour apporter plus d'oxygène aux muscles en action, ce qui peut augmenter le risque d'hyperventilation, d'étourdissement et d'asthme.

➡ Le système digestif

La digestion ralentit ou s'arrête, ce qui induit des problèmes de nutrition et d'assimilation, et peut provoquer des crampes à l'estomac, des nausées, de la constipation ou des diarrhées.

➡ Les reins

Le sang devenant moins fluide, les reins en reçoivent moins. Leurs fonctions s'altèrent. Ils filtrent moins bien, ce qui engendre une moins bonne élimination des déchets.

➡ Le système immunitaire

Trop occupé à lutter contre le stress, le système immunitaire ne s'occupe plus du corps et de sa défense. Sous l'effet du cortisol l'organisme se défend moins bien. Le corps est plus sensible aux réactions allergiques et aux troubles viraux, comme l'herpès.

➡ Le système reproducteur

Le stress peut supprimer la production d'hormones sexuelles et abaisser la libido. Il peut aussi aggraver les symptômes liés aux syndromes prémenstruels et à la ménopause.

➡ Les facultés mentales

Le stress réduit considérablement l'efficacité de l'ensemble des facultés mentales et de la concentration. Il affecte la mémoire et le raisonnement, et nous rend plus distraits, plus indécis.

➡ Les fonctions nerveuses

Le stress accentue les états d'anxiété, d'angoisse et de dépression. Il favorise l'insomnie et les troubles du sommeil. Il nuit à la capacité de se relaxer et engendre des tensions musculaires.

Une usure précoce

Les hormones sécrétées lors d'une situation stressante laissent des déchets dans l'organisme. Ils se déposent sur les artères, les articulations, la peau et favorisent le vieillissement des tissus.

Le stress génère aussi les fameux radicaux libres (composés instables formés d'oxygène) et augmente le dommage oxydatif, c'est-à-dire le vieillissement et la mort des cellules.

Sur le plan physique, la fatigue en est l'expression la plus fréquente, et elle peut s'accompagner de douleurs musculaires, de troubles digestifs, de migraine. L'organisme se fragilise petit à petit...

Sur le plan psychologique et comportemental, le stress rend irritable et impatient, ce qui altère la vie sociale, familiale, conjugale. À cela s'ajoutent des difficultés de concentration et des troubles de la mémoire. Le sommeil devient fragile, ce qui accentue la fatigue. Enfin, les « remèdes » souvent choisis par les stressés pour se relaxer ou se redonner du tonus — alcool, tranquillisants ou excitants — détériorent encore plus leur organisme.

Intestins et cerveau : un dialogue permanent

Nous connaissons tous les expressions « avoir du cœur au ventre » ou « se faire de la bile », qui désignent autant un état émotionnel qu'un état physique. Et nous avons tous expérimenté les conséquences intestinales du stress ou d'une émotion trop forte : diarrhées, crampes à l'estomac, reflux... Aujourd'hui, les chercheurs commencent enfin à expliquer les processus qui activent dans les deux sens la communication entre la tête et le ventre.

Le système nerveux entérique (celui des intestins) est connecté au système nerveux central, c'est-à-dire au cerveau, *via* le nerf vague. Ce nerf crânien très étendu convoie des informations motrices, sensitives, sensorielles. Il active aussi les fonctions qui ne sont pas soumises à notre contrôle volontaire : les mouvements des muscles lisses (comme ceux de la digestion) et des muscles cardiaques, la plupart des glandes exocrines (celles de la digestion ou de la sudation) et certaines glandes endocrines (qui sécrètent des hormones).

Ce nerf vague est donc une véritable autoroute de l'information. Il relie deux organes qui se ressemblent étrangement. Les 200 millions de neurones du système nerveux entérique sont en effet identiques à ceux du cerveau principal. Il en va de même pour les neurotransmetteurs, ces petites molécules par l'intermédiaire desquelles les neurones communiquent entre eux. Vingt de ces neurotransmetteurs, présents dans le cerveau, le sont aussi dans le système entérique. Ils circulent dans les deux sens. Un exemple ? La sérotonine, neurotransmetteur qui rythme le transit intestinal et régule le système immunitaire. Elle vient du ventre, puisqu'elle est produite à 95 % par les cellules nerveuses de l'intestin, mais une petite partie passe dans la circulation sanguine et remonte vers notre tête. Elle agit sur les neurones du cerveau qui, eux aussi, se servent de la sérotonine comme messager, afin de réguler nos émotions. Les intestins participeraient même à la phase des rêves, en produisant de la sérotonine pendant le sommeil !

À l'inverse, nos intestins sont sensibles aux changements qui viennent du cerveau. Ainsi, les dépressifs peuvent subir des troubles digestifs s'ils prennent trop d'antidépresseurs. En stimulant la sérotonine, ces médicaments peuvent en dérégler la production naturelle. Pris à petites doses, on sait aussi qu'ils peuvent accentuer les symptômes du syndrome de l'intestin irritable. Désormais, la recherche propose une explication fonctionnelle et non plus psychosomatique à la relation entre les troubles de l'humeur et la digestion.

Dans le dialogue qu'ils entretiennent avec le cerveau, il apparaît donc que les intestins parlent beaucoup plus que la science ne le supposait. *Via* le nerf vagal, ils informent la tête de l'état du système immunitaire dont ils concentrent 75 % des cellules.

Par exemple, en présence d'un aliment infecté, ils alerteront le cerveau. Le cerveau leur répondra alors d'arrêter la digestion… Ce sont tous ces processus qui valent aujourd'hui à l'intestin le nom de « deuxième cerveau ».

Les bactéries intestinales ont également un rôle important à jouer. Il y a quelques années, Stephen Collins, biologiste de l'université canadienne McMaster[1], a remarqué l'étrange comportement de souris privées de toute bactérie par antibiotiques. Elles se mettaient en danger, comme si elles avaient perdu toute angoisse et stress. Après l'introduction d'une flore bactérienne dans leur tube digestif, leur caractère a radicalement changé. On se demande donc maintenant si, chez les humains, le microbiote pourrait aussi avoir un impact sur la personnalité. Des études sont en cours pour comprendre comment la présence ou l'absence de certaines bactéries pourrait altérer notre capacité à résister au stress.

L'influence des bactéries intéresse aussi d'autres spécialités médicales, comme la psychiatrie. Le mauvais fonctionnement du microbiote intestinal est de plus en plus considéré comme une cause de maladies mentales. Le rôle des bactéries est en effet de protéger la paroi intestinale et de ne laisser aucun corps étranger la traverser. Or la perturbation de cette flore peut rendre l'intestin perméable. Des molécules indésirables passent alors dans le sang et viennent perturber le cerveau…

Le Pr Luc Montagnier, Prix Nobel de médecine, préconise ainsi l'usage d'antibiotiques pour faire disparaître des troubles de l'autisme. Le Dr Guillaume Fond[2], psychiatre à l'hôpital Henri-Mondor et chercheur en psychiatrie à l'INSERM, engage des recherches dans le même sens. On traite certaines dépressions résistantes par des stimulations vagales, dit-il. On pourrait faire l'hypothèse qu'un microbiote dysfonctionnel entraînerait un défaut de stimulation du nerf vague. Plutôt que d'aller stimuler le nerf vague, il faudrait remettre du microbiote fonctionnel. C'est la question des greffes fécales[3]. Mais pour les maladies psychiatriques, on n'y est pas encore. Ça va demander beaucoup d'efforts et d'investigation… »

Les bonnes graisses pour la tête

Comme celle du reste de l'organisme, la santé de notre cerveau dépend de ce que nos intestins digèrent, notamment des lipides. Il est intéressant de savoir que notre corps étant le résultat de ce que nous consommons, nous sommes physiquement le résultat de ce que nous absorbons. Ainsi notre cerveau est composé de 50 % de lipides, et notre masse nerveuse, quant à elle, de 70 %. Nos cellules disposent d'une membrane plasmique composée de lipides, notre système hormonal repose sur un système lipidique et les lipides interviennent dans tout processus inflammatoire en jouant un rôle calmant.

Notre vitalité neurologique et cérébrale — dont l'altération peut notamment nous provoquer des troubles graves, comme la maladie d'Alzheimer — dépend donc en partie de l'apport de certaines « bonnes » graisses.

• **L'acide gras oméga 3**

Il est dit « essentiel », car notre organisme ne peut le fabriquer lui-même. Il améliore les fonctions cognitives et amoindrit les effets de la dépression et des sautes d'humeur.

On le trouve dans les poissons, le foie de morue, les huiles de colza, de lin, de soja et de germe de blé, les œufs et les viandes d'animaux élevés en plein air, l'épinard, la mâche, le cresson, l'avocat, les cœurs de palmier, les graines et les fruits oléagineux, comme la noix de Grenoble, les graines de lin, les graines de chanvre et de chia...

• **Les vitamines du groupe B** (et particulièrement l'acide folique, la vitamine B6 et la choline)

Elles jouent un rôle indispensable pour nourrir notre système nerveux et assurer la bonne transmission des messages échangés entre le cerveau et les nerfs.

Les graines de sésame et de tournesol, les pruneaux déshydratés, le poulpe, la pomme de terre au four (avec pelure), l'espadon grillé, la banane, le foie de veau, de bœuf ou d'agneau et le blanc de poulet rôti en contiennent.

• **Les antioxydants**

Les membranes des neurones sont vulnérables à l'oxydation occasionnée par les radicaux libres (ces molécules produites par l'organisme, dont l'instabilité chimique cause des dégâts sur les cellules). Les graisses et les protéines oxydées forment des dépôts qui encombrent les circuits et contribuent au vieillissement cérébral. En s'opposant à ce processus, les antioxydants protègent les neurones et veillent au bon fonctionnement des cellules nerveuses. La vitamine E (tocophérol) est l'un des antioxydants les plus répandus.

L'orange, le citron, les fruits rouges, les pruneaux, le chou, les épinards, les artichauts, la betterave, les carottes, les sardines, le maquereau, le saumon, l'huile de colza, de noix, de noisettes ou d'amandes et le chocolat noir sont riches en antioxydants.

- **Le fer**

Il aide le sang à fournir de l'oxygène à notre corps. Des carences en fer ont été associées au trouble déficitaire de l'attention avec hyperactivité, à des difficultés d'apprentissage et à un retard intellectuel. Les aliments contenant du fer ne peuvent donc qu'intensifier notre aptitude pour le raisonnement.

On en trouve dans les palourdes, les huîtres, le porc, l'agneau, les haricots de soja, les haricots blancs, les épinards, le tofu, le sésame et les céréales complètes non raffinées (contenant moins de sucres).

Le choix de ces aliments bons pour la tête peut être conseillé aux femmes enceintes. Ils ont en effet un impact dès la grossesse puisqu'ils favorisent un développement optimal du cerveau du fœtus, et montrent des effets bénéfiques un an après la naissance du bébé. Dès les premières années de la vie, ils aident à un meilleur développement des capacités neurologiques.

Face au stress : la réaction de nos intestins

Nous avons vu que les intestins jouent le rôle d'un véritable deuxième cerveau, et que nos émotions passent de la tête au ventre et du ventre à la tête.

Des chercheurs de l'Institut national de la recherche agronomique (INRA), à Toulouse, ont étudié les transformations de l'intestin dues au stress en exposant un rat à la peur[4]. Placé dans une bassine d'eau, l'animal s'est trouvé contraint de nager sous peine de noyade, une situation de danger qui s'est traduite par une montée de stress. Les chercheurs ont ensuite vérifié comment cette réaction se traduisait à l'intérieur de l'intestin. Ils ont observé que les cellules qui tapissent l'intérieur intestinal se trouvaient plus espacées qu'en situation normale. Elles laissaient passer dans l'organisme des molécules qui auraient dû être digérées. Ces molécules incontrôlées ont à leur tour activé les neurones qui envoient le message de douleur au cerveau. C'est ainsi que, dans un mouvement d'aller-retour, l'émotion du stress se traduit par des maux de ventre.

Les études ont aussi établi qu'un événement stressant n'a pas qu'un impact à court terme sur l'intestin. Il peut durablement amoindrir son rôle de barrière. Le laboratoire de l'INRA a constaté qu'un rat stressé dans les premiers jours de son existence gardait des séquelles toute sa vie, indépendamment de tout problème nutritionnel.

De manière plus précise, chez les humains, le stress entretient des rapports étroits avec certains troubles intestinaux, parmi lesquels on peut compter les maladies inflammatoires de l'intestin, le syndrome de l'intestin irritable, l'ulcère gastroduodénal et les affections digestives.

➡ Les maladies inflammatoires de l'intestin

Ces affections, caractérisées par une inflammation de la paroi de certaines parties du tube digestif, regroupent la maladie de Crohn et la rectocolite hémorragique. Elles se traduisent par des accès d'incontinence anale, des diarrhées, des maux de ventre, des épisodes de constipation, des saignements du rectum, une extrême fatigue et, parfois, une perte de poids et des fièvres. Elles peuvent déboucher sur un cancer du côlon. Une étude menée par un groupe de chercheurs londoniens[5] a démontré que les patients atteints des deux maladies inflammatoires sont souvent sujets à des altérations psychopathologiques, même s'il est encore difficile de déterminer si ces troubles précèdent ou sont la conséquence de ces maladies.

➡ Le syndrome de l'intestin irritable

Ce trouble, aussi nommé syndrome du côlon irritable, se manifeste par des accès de diarrhées ou de constipation accompagnés de douleurs au ventre. Il est dû à une mauvaise régulation de la vitesse de passage des aliments dans le côlon, trop rapide ou trop lente. Si les causes de ce syndrome ne sont pas encore toutes connues (dans un quart des cas, il se déclenche après une infection gastro-entérinale), la médecine pointe tout de même le rôle du stress dans son apparition. En perturbant le système nerveux autonome (qui contrôle notamment les muscles de l'intestin), il trouble aussi les relations du cerveau et du tube digestif.

Par ailleurs, certains chercheurs pensent qu'un taux anormal de sérotonine (le neurotransmetteur qui influe sur l'humeur) dans le tube digestif pourrait être la cause du syndrome[6]. Cela expliquerait pourquoi de nombreux patients touchés souffrent d'anxiété et de dépression.

➡ L'ulcère gastro-duodénal

Contrairement à des croyances tenaces, consommer des aliments épicés et vivre une vie stressante n'entraînent pas forcément la formation d'ulcères. La plupart des ulcères découlent d'une infection par la bactérie *Helicobacter pylori* (*H. pylori*). Les colonies de cette bactérie affaiblissent la couche muqueuse protectrice de l'œsophage, de l'estomac ou du duodénum (le premier segment de l'intestin grêle), permettant à l'acide d'atteindre la muqueuse sensible située en dessous. L'irritation de cette muqueuse entraîne la formation d'une plaie ou d'un ulcère. Certaines observations suggèrent qu'un stress continu a le même effet : il produit une inflammation de la muqueuse protectrice, offrant ainsi une brèche aux jus gastriques pour atteindre et irriter la muqueuse sensible.

➡ Les affections digestives

Contrairement aux maladies inflammatoires de l'intestin ou au syndrome de l'intestin irritable, les simples affections digestives provoquées par le stress n'ont pas de caractère chronique et provoquent des désagréments moindres. Elles sont ponctuelles : quand le stress survient, il stimule la sécrétion des fluides et modifie la motilité intestinale (c'est-à-dire sa capacité à faire avancer les aliments). Il peut en ralentir ou en augmenter la vitesse, et parfois successivement combiner ces actions. Dans tous les cas, il provoque une douleur abdominale. C'est aussi la raison pour laquelle nous pouvons avoir une période de diarrhée ou des envies répétées d'uriner pendant ou suivant un événement stressant.

Si le stress affecte le bien-être de nos intestins, il ne saurait être tenu pour seul responsable de tous les maux qu'ils subissent. Le stress n'est en effet que l'un des symptômes du dérèglement de nos vies, qui nous empêche de mettre nos organes au repos. Il va de pair avec la mauvaise alimentation, une autre caractéristique de nos habitudes contemporaines. Trop grasse, trop abondante et avalée sans respecter nos rythmes digestifs, elle soumet nos intestins à un travail harassant. En les harcelant, elle épuise tout notre organisme. Bien souvent, nos corps fatigués ne savent plus comment répondre à ces excès. Ils bougent moins, éliminent mal, grossissent et nous font souffrir. Ils deviennent alors de parfaites proies pour les maladies de civilisation — aux premiers rangs desquelles se tiennent le surpoids et l'obésité —, qui n'attendent que les organismes fragilisés pour venir s'installer...

Comment nos modes de vie nous affaiblissent

Le surpoids ou l'obésité sont issus d'une multiplicité de facteurs, dont certains psychologiques ou génétiques. Si tous ne sont pas toujours facilement déterminables par la médecine, certains ont en revanche une cause clairement identifiée : la mauvaise alimentation et la sédentarité, qui avancent trop souvent ensemble. Ce couple de facteurs affecte une partie croissante de la population mondiale et peut déclencher une série de troubles parfois mortels.

Sédentaires, malgré nous

Nous ne sommes plus des chasseurs-cueilleurs contraints à l'effort physique pour trouver notre nourriture. L'agriculture est majoritairement mécanisée et la viande arrive directement dans nos boucheries. Nous ne sommes plus non plus de grands marcheurs. La vie urbaine, la variété des moyens de transport et de communication, l'abondance des commerces et l'immobilité du travail limitent nos temps de marche. Pour beaucoup d'entre nous, les activités physiques ne sont devenues que des activités de loisirs : gymnastique en salle, club de sport, vacances à la campagne, au bord de la mer ou à la montagne.

Mais puisque c'est l'absence d'activité physique régulière qui caractérise la sédentarité, les moments de loisir ponctuels ne modifient guère notre état habituel de sédentaires. En garant ma voiture à proximité de mon bureau et en occupant mes week-ends au jardinage, au bricolage ou à la pêche, je reste casanier. Skier huit ou quinze jours par an ou faire de la randonnée pendant trois à quatre semaines en été ne changera rien à ma condition...

Nous sommes tous, peu ou prou, habitués à ce rythme. Pourtant, il s'agit d'un vrai danger pour notre corps. En effet, le manque d'exercice affaiblit le cœur. Sans entraînement régulier, c'est un muscle qui perd de sa puissance de contraction. Il reçoit et renvoie moins de sang dans le corps ; il fournit moins d'oxygène aux muscles et aux organes, ce qui entraîne un ralentissement général de nos fonctions, et il récupère moins vite en cas de crise cardiaque...

La sédentarité se révèle encore plus dangereuse pour le cœur lorsqu'elle est associée à d'autres facteurs de risque : excès alimentaires, obésité, hypertension ou tabagisme.

Chez l'adulte, indépendamment de la corpulence et de l'âge, un faible niveau d'activité physique est associé à une augmentation du risque de mortalité totale, de problèmes cardio-vasculaires, de diabète de type 2, d'hypertension artérielle, de certains cancers (celui du côlon notamment), ainsi qu'à une dégradation de l'état psychologique, qui se manifeste notamment par l'anxiété et la dépression. Aux États-Unis, la combinaison d'une alimentation inadaptée avec l'inactivité physique représentait, en 2000, 17 % des décès, soit la deuxième cause de mortalité après le tabagisme.

Nous mangeons comme nous vivons

Notre alimentation a changé depuis cinquante ans à une vitesse surprenante. Certains aliments omniprésents dans nos assiettes depuis des siècles ont perdu leur place en tête des menus. C'est le cas du pain, des pommes de terre ou encore des légumes secs dont la consommation annuelle par personne a été divisée par deux ces cinquante dernières années.

D'autres, au contraire, ont pris une importance inédite : la viande (dont la consommation a été multipliée par cinq dans les deux derniers siècles), les œufs, le fromage, les yaourts ainsi que les matières grasses ajoutées comme le beurre et l'huile, ou les sucres ajoutés aux aliments industriels et aux boissons. Ces évolutions de nos comportements alimentaires ne peuvent pas être placées sur un pied d'égalité. Certaines ont été bénéfiques, d'autres neutres, et d'autres encore franchement néfastes.

D'un côté, à l'échelle de l'histoire, il est indéniable que nous n'avons jamais vécu aussi longtemps et en aussi bonne santé. D'un autre, de nombreuses études sur les conséquences de notre alimentation actuelle nous font craindre le pire, pour nous et les générations futures. Pourtant, la nocivité des aliments n'est pas seule coupable de ces maladies. La mauvaise alimentation n'est pas qu'une question de produits. C'est également une affaire de comportement. Et en la matière, nos habitudes ont aussi changé. Nous n'avons désormais plus le temps de passer de longues heures à sélectionner nos aliments sur les étals des marchés et à les travailler en cuisine. Le rythme de nos vies a fait drastiquement chuter le temps de préparation des repas et augmenté la consommation de produits alimentaires transformés. La part des aliments déjà préparés ou épluchés, des surgelés et autres plats préparés dans l'ensemble des dépenses alimentaires (hors desserts) a plus que doublé en quarante-cinq ans pour atteindre 41 % en 2006[1]. Nous mangeons aussi plus fréquemment hors de chez nous, dans les cantines scolaires ou les restaurants d'entreprise, dans les cafés, les sandwicheries, les fast-foods...

Parallèlement, nos rythmes alimentaires ont été bouleversés. Nous ne nous nourrissons plus forcément trois fois par jour à heures fixes, mais nous pouvons sauter des repas et combler nos creux à l'estomac avec du snacking. Un grignotage souvent hautement calorique qui nous donne l'illusion de nous nourrir tout en apaisant nos nerfs... Tous ces comportements erratiques font partie de la malbouffe, au même titre que la qualité des aliments.

Et malgré cette étiquette de « problème de santé publique », les grandes chaînes de restauration rapide ne désemplissent pas et des produits nouveaux trop gras, trop chargés de sucre et de sel, dépourvus de fibres, pauvres en vitamines... et très riches en produits chimiques continuent d'apparaître.

Top 5 des effets néfastes de la malbouffe

➡ 1. Les maladies cardio-vasculaires

Toutes ne sont pas dues à la seule mauvaise alimentation. Le tabac, l'obésité et le diabète sont aussi susceptibles de provoquer des maladies cardiaques chez certaines personnes. En outre, dans les pays développés, les progrès en matière de prévention semblent porter leurs fruits (60 % de décès en moins depuis cinquante ans[2]). Il n'empêche que la malbouffe reste responsable de 25 % des 170 000 décès annuels dus à ces maladies en France.

La présence massive d'ingrédients gras saturés dans l'alimentation perturbe sérieusement le fonctionnement de nos artères. Dans une étude menée en 2012, des chercheurs de l'Institut de cardiologie de Montréal[3] ont souligné que les artères perdaient jusqu'à 24 % de leur capacité à se dilater après un repas trop riche en graisses saturées. En se coagulant plus facilement, le sang peut former des caillots qui bouchent les artères avec les conséquences que l'on connaît : le cœur n'est plus approvisionné en sang, la crise cardiaque survient. La hausse du taux de mauvais cholestérol LDL (un lipide qui s'accumule sur les parois des artères au lieu d'être éliminé par le foie) ainsi que des triglycérides (des lipides surtout issus des matières grasses animales) participe à ce risque de bouchons. Enfin, le sel, abondant dans la malbouffe, est particulièrement mauvais pour la pression artérielle. En augmentant excessivement, cette pression du sang détériore les parois des vaisseaux sanguins et augmente, à long terme, les risques de développer des maladies du cœur.

➡ 2. Le surpoids et l'obésité

Trop riche en graisses, la malbouffe a des effets désastreux sur notre poids. Elle prend notre organisme en otage dans un cercle vicieux. Il est en effet plus difficile à un individu en surpoids de pratiquer une activité sportive qui le délesterait de ses kilos superflus, car son organisme se fatigue plus vite. En réduisant l'énergie et les capacités physiques, la malbouffe réduit donc aussi la volonté.

L'obésité est en hausse dans tous les pays industrialisés. Selon l'Organisation mondiale de la santé (OMS), elle a doublé dans le monde entre 1980 et 2014. Il y aurait aujourd'hui près de 2 milliards d'adultes en surpoids, dont plus de 600 millions d'obèses[4]. En France près de 15 % de la population adulte est considérée comme obèse[5]. Les projections de l'OCDE[6] montrent que les taux de surpoids dans l'Hexagone augmenteront de 10 % dans les dix prochaines années. Les enfants dont au moins un des parents est obèse auraient une probabilité trois fois plus élevée d'être obèses, et ceux qui appartiennent aux catégories socio-économiques les plus pauvres ont une probabilité d'obésité plus de deux fois supérieure à celle des enfants des plus riches. Par ailleurs, les femmes ayant un faible niveau d'éducation ont presque trois fois plus de risques d'être en surpoids que les femmes ayant fait de longues études. Chez les hommes, ce risque est 1,6 fois plus élevé.

➡ 3. Le diabète

Une alimentation déséquilibrée et trop riche en graisses et en sucres accroît les risques de diabète, avec les désordres métaboliques conséquents. Un taux trop élevé de sucre dans le sang provoque en effet une hyperglycémie chronique. Harassé, l'organisme ne peut alors plus produire suffisamment d'insuline, censée l'aider à réguler cette glycémie.

L'incidence du diabète de type 2 augmente de façon globale, et en particulier avec l'âge. La maladie se manifeste généralement après 40 ans, et elle est diagnostiquée à un âge moyen proche de 65 ans. Son incidence est maximale entre 75 et 79 ans, avec 14 % des femmes et 20 % des hommes traités pour cette maladie. Cependant, le diabète de type 2 touche aussi des sujets plus jeunes, y compris des adolescents, voire des enfants.

La prévalence de la maladie est en augmentation continue depuis plusieurs années, avec une hausse de 5,4 % par an entre 2000 et 2011. La tendance est plus marquée dans certaines populations, notamment dans les départements d'outre-mer et les départements les moins favorisés d'un point de vue socio-économique[7].

Au niveau mondial, la Fédération internationale du diabète estime de son côté que le nombre de diabétiques doublera d'ici à 2025 pour atteindre les 300 millions de personnes.

➡ 4. Les allergies

Autres effets néfastes de la malbouffe de plus en plus fréquemment constatés : les poussées d'allergies. Elles sont dues à une réaction anormale de défense de l'organisme à la suite de l'ingestion d'un aliment. Elles peuvent se traduire par des symptômes cutanés (démangeaisons, rougeurs, gonflement), respiratoires (difficultés à respirer), digestifs (diarrhées, nausées, vomissements) ou cardio-vasculaires (pouls faible, étourdissements ou perte de conscience).

Des chercheurs de l'université d'Auckland, en Nouvelle-Zélande[8], ont montré un risque accru d'asthme, de rhino-conjonctivite et d'eczéma sévères chez les enfants et les adolescents qui consomment de la nourriture de fast-food plus de trois fois par semaine.

➡ 5. Les risques de cancers

Les cancers se présentent de façon singulière chez chaque malade et leurs causes combinent souvent plusieurs facteurs.

La consommation d'aliments trop gras et trop sucrés, qui affaiblit tout l'organisme, est l'un d'eux. Plusieurs organes sont particulièrement menacés, dont la prostate, le pancréas, l'utérus et les intestins... En France, la malbouffe est mise en cause dans 30 à 40 % des cancers chez les hommes et 60 % chez les femmes, cette maladie tuant environ 150 000 personnes chaque année.

Le sucre ? Fatigant... et addictif

Vous l'avez peut-être remarqué : un repas copieux dans un fast-food provoque une faim de loup quelques heures plus tard. Comment expliquer ce phénomène, alors que vous vous sentiez gavé après votre hamburger au ketchup arrosé de soda ? C'est que la surconsommation de sucre, particulièrement présent dans ce type de menu, perturbe notre métabolisme (toutes les transformations moléculaires et énergétiques qui se déroulent en permanence dans notre corps et déterminent notre niveau d'énergie) dans un processus en trois actes.
Premier acte : les aliments riches en sucre excitent l'organisme. Brusquement sollicité, le pancréas fournit trop d'insuline, censée régler le taux de sucre dans le sang.
Deuxième acte : face à l'offensive de l'insuline, le sang se trouve vite en carence de sucre. Un état de fatigue s'installe.
Troisième acte : manquant de sucre, le cerveau produit du glutamate, un neurotransmetteur excitateur. Il en résulte une grande nervosité... et une folle envie de reprendre du sucre pour se calmer !

Les ravages de la nourriture industrielle

Que ton aliment soit
ta première médecine…

Non, ce n'est pas un slogan publicitaire, mais le vœu du Grec Hippocrate. Cinq siècles avant Jésus-Christ, il soulignait l'importance de l'alimentation pour notre équilibre et la définissait comme le meilleur moyen de préservation d'une bonne santé. Vingt-cinq siècles plus tard, qui lui donnerait tort ? Il suffit de constater que les maladies liées à une mauvaise hygiène de vie augmentent quatre à cinq fois plus vite que le changement démographique pour comprendre qu'il n'aurait jamais fallu cesser de suivre son conseil. Car ces maux sont d'abord le résultat d'un cocktail nocif où se mêlent sédentarité, pollution et, bien sûr, mauvaise alimentation.

Dans les pays occidentaux, ce grand dérèglement a commencé après la Seconde Guerre mondiale. Exsangues, les pays européens doivent relever un défi majeur : assurer aux populations la sécurité alimentaire. Pour y parvenir, ils encouragent le développement technologique de la production de denrées et favorisent l'usage de la mécanisation et de la chimie. Le mot d'ordre ? Produire beaucoup et vite.

L'agriculture intensive s'impose et l'industrie agroalimentaire explose. Les systèmes de production changent, les circuits de distribution se modernisent et ce sont toutes les vieilles habitudes alimentaires qui s'en trouvent bouleversées : la nourriture ne sort plus directement de la ferme ou du potager voisin, mais d'usines où elle est transformée et conditionnée avant d'être transportée sur tout le territoire. Les processus de fabrication entrent aussi dans une logique économique qui élimine toute entrave à la rentabilité. L'industrie alimentaire impose ses choix, l'offre se modifie, et le goût et les habitudes des consommateurs changent progressivement. Pendant cinquante ans, les étals se sont ainsi remplis de produits transformés, de protéines animales et de nourriture pauvres en fibres mais riches en lipides et saturés de sucre et de sel.

Aujourd'hui, ce modèle industriel unique est remis en cause et des voix s'élèvent contre les pesticides que l'on retrouve dans l'eau et les aliments, aussi toxiques pour les consommateurs qui les avalent que pour les agriculteurs qui en arrosent leurs plantations ; contre les antibiotiques systématiquement administrés au bétail, qui développent l'antibiorésistance chez les mangeurs de viande ; contre les additifs chimiques, sans valeur nutritive mais capables d'ouvrir l'appétit et de nous pousser à la surconsommation... Les résultats, nous les connaissons : déséquilibres nutritionnels, diabète, cancers, maladies cardiovasculaires, hypertension, infertilité, troubles du comportement chez l'enfant...

Nos comportements alimentaires ne sont pas les seuls responsables de ces fléaux. Mais ils accompagnent tous les changements intervenus dans le monde occidental au XXe siècle, et qui affectent encore nos vies : la sédentarisation, la culture des loisirs, l'organisation du temps de travail, la concentration des commerces, la consommation de masse et son incitation permanente... La nourriture n'est plus une ressource rare comme elle a pu l'être durant de longues périodes de notre histoire, et comme elle l'est encore dans certaines zones du globe. Au contraire, elle est partout autour de nous et peut s'inviter dans nos assiettes à tout moment de la journée, sans tenir compte de nos rythmes biologiques.

L'alimentation construit donc aussi un mode de vie. Or, ces dernières années, ce mode de vie partagé par la plupart des pays industrialisés est troublé par une hausse sans précédent du nombre de cas de cancers. Les professionnels de la santé s'en alarment et cherchent à en identifier et à en classer les causes. Récemment, l'American Association for Cancer Research (AACR), la plus importante organisation mondiale de chercheurs en oncologie, en a précisé certaines[1]. Après avoir analysé l'ensemble des données actuellement disponibles, l'AACR conclut que le tabagisme, l'alimentation, l'obésité et la sédentarité sont responsables à eux seuls de 65 % de tous les cancers diagnostiqués chaque année. Un pourcentage beaucoup plus important que ceux associés à des facteurs souvent considérés comme des causes majeures de cancer, en particulier l'hérédité (5 %) ou la pollution (2 %). Dans la majorité des cas, cette maladie n'est pas le résultat d'un mauvais jeu du hasard, mais bel et bien une conséquence de nos habitudes de vie. Ce qui signifie que la plupart des cancers peuvent être prévenus en modifiant ces comportements liés les uns aux autres. Le tabac détériore l'organisme d'un fumeur, tout comme les sucres abîment celui d'un consommateur de malbouffe. Fatigués, tous deux sont moins enclins à faire du sport. Les voilà candidats privilégiés aux cancers. Pour rompre avec ce risque, revoyons nos modes de vie...

Le côlon en danger

Pourtant très rare il y a un siècle à peine, le cancer du côlon occupe aujourd'hui la deuxième place dans le palmarès des cancers les plus mortels. Il doit ce triste record à la surconsommation de malbouffe.

Pour s'en convaincre, il suffit d'observer les extraordinaires variations de sa répartition entre différentes régions du globe. Les habitants des zones rurales d'Afrique, par exemple, jouissent d'une des plus faibles incidences de cancer colorectal au monde (moins de 5 cas pour 100 000 personnes), tandis que celle des Afro-Américains est l'une des plus élevées (65 cas pour 100 000).

Ces deux populations ayant des origines communes, les différences de prévalence ne peuvent guère s'expliquer par l'existence d'un patrimoine génétique qui favoriserait la maladie. En revanche, puisqu'elles vivent de part et d'autre de l'Atlantique dans des sociétés très différentes, il apparaît que ce sont bien leurs modes de vie et d'alimentation qui les exposent plus ou moins au risque de cancer colorectal.

Pour étayer cette hypothèse, des chercheurs ont eu l'idée d'interchanger les habitudes alimentaires d'un échantillon de ces deux populations[2]. Pendant deux semaines, vingt volontaires africains ont ainsi consommé un régime américain typique (riche en graisses et pauvre en fibres), tandis qu'à l'inverse vingt volontaires afro-américains ont été soumis à un régime africain (riche en fibres et pauvre en graisses).

À la fin de l'étude, les scientifiques ont observé un ensemble d'indicateurs de risques du cancer colorectal, notamment la composition du microbiote intestinal et l'inflammation de la muqueuse.

Les résultats sont éloquents. Pour les Africains, manger comme un Américain typique a été absolument catastrophique. Alors que leur côlon était parfaitement sain avant l'expérience, avec notamment une bonne diversité de bactéries bénéfiques et une absence totale d'inflammation, ils présentaient — seulement deux semaines plus tard ! — un intestin typiquement « américain », tapissé de bactéries pathogènes stimulant l'inflammation et la croissance des cellules anormales.

Les Afro-Américains, eux, sont au contraire sortis de l'expérience en meilleure santé. L'état de leur côlon, sérieusement abîmé avant l'étude par des inflammations, des bactéries pathogènes et des polypes, s'en est trouvé largement amélioré, avec une plus grande proportion de bactéries bénéfiques et moins de signes d'inflammation.

Ainsi, en deux semaines à peine, un mauvais régime alimentaire peut se montrer dévastateur, tandis qu'une bonne alimentation peut régénérer un intestin souffrant. C'est à la fois une mauvaise et une bonne nouvelle...

Les hormones perturbées

Outre sa piètre qualité nutritive, l'alimentation industrialisée se distingue aussi par les produits chimiques qu'elle nous donne à avaler. Leurs origines et leurs rôles (insecticides, conservateurs, intensificateurs de goût, colorants...) sont si variés que c'est à de véritables cocktails que nous sommes tous les jours exposés[3].

Parmi ces polluants, les perturbateurs hormonaux se montrent particulièrement redoutables. En chamboulant nos hormones, ils ne nous font pas uniquement prendre du poids. Ils engendrent des problèmes de thyroïde et troublent nos glandes endocrines et surrénales. Tout notre métabolisme s'en trouve altéré, avec des conséquences sur notre peau, nos cheveux et nos poils, mais aussi sur notre humeur, notre énergie, notre concentration et la santé de nos cellules. Chez les femmes notamment, les effets de ces déséquilibres hormonaux sont particulièrement manifestes : augmentation du nombre de cas de puberté précoce, règles plus douloureuses et symptômes de la ménopause plus affirmés.

Démultipliés, ces perturbateurs aggravent de surcroît le risque de développer des cancers de l'utérus, de la thyroïde, du sein et de la prostate.

10 sources contemporaines d'épuisement

➡ 1. Les perturbations de l'écosystème intestinal

Nos repas trop nombreux, irréguliers, déséquilibrés ou copieux engendrent des digestions difficiles qui épuisent nos systèmes digestif et nerveux.

La perturbation du microbiote ouvre la voie aux parasites et aux mycoses... Ces phénomènes couplés au stress induisent des troubles de l'assimilation, des carences et des épuisements immunitaires.

➡ 2. L'alimentation dévitalisée, dénaturée et polluée

Les processus de culture et d'élevage, les modes de conservation, de conditionnement et de stockage ainsi que les cuissons inadaptées privent l'aliment de beaucoup de ses qualités premières.

Les polluants inclus dans certains aliments raffinés (café, alcool, sodas, viandes), les sucres et les graisses saturées, ou encore les traces de métaux lourds ont de multiples effets : putrescences digestives ; endommagement des reins ; augmentation de l'acide urique (déchet de cellules mortes et de particules issues de la digestion) susceptible de provoquer la goutte ; augmentation des triglycérides et du mauvais cholestérol LDL (celui qui bouche les artères) aggravant les risques de maladies cardio-vasculaires ; hausse de l'acide lactique (dû à une mauvaise oxygénation des tissus, il fatigue considérablement l'organisme) ; affaiblissement des organes émonctoires censés purger le corps ; perturbation du métabolisme...

➡ 3. Le surmenage musculaire conscient et inconscient

Conscient quand nous nous livrons à des excès de travail physique ou de sport, le surmenage musculaire use nos réserves protéiques, malmène nos adaptations nerveuses et hormonales, et décuple les productions oxydantes cellulaires...

Inconscient, il correspond aux innombrables microcontractures chroniques et tensions dans les mâchoires, les épaules, l'abdomen, le dos... indissociables des situations de stress mal gérées.

➡ 4. La sédentarité

Le manque d'exercice physique engendre une sous-oxygénation, le ralentissement des échanges métaboliques, la prise de poids, une mauvaise élimination, la dépression, etc.

➡ 5. Les carences solaires

Nous abusons des rayons sur de courtes périodes de vacances, mais nous passons le reste de l'année à l'intérieur de bâtiments. Or, idéalement, il faudrait ne faire ni l'un ni l'autre, car le soleil, dangereux quand il est pris à l'excès, doit rester une source de vitalité quotidienne.

➡ 6. Le stress oxydatif

Les UV, les infections et inflammations chroniques, les métaux lourds, la radioactivité, l'ozone, l'alcool et le tabac sont autant de sources de radicaux libres qui accélèrent le vieillissement et favorisent l'épuisement biologique.

➡ 7. Le surmenage mental

Travail intellectuel intense et surmenage mémoriel engendrent souvent anxiété, troubles du sommeil, déséquilibre nerveux et pensées obsessionnelles...

➡ 8. La rupture avec le milieu naturel

Nous sommes de plus en plus coupés de la nature. Or, respecter les rythmes du soleil ou même enlacer un arbre et marcher pieds nus dans la rosée du matin sont autant de recharges subtiles...

➡ 9. L'isolement psychoaffectif

La perte de la convivialité et les expériences d'abandon ou d'exclusion sont à l'origine de troubles névrotiques anxieux, puis dépressifs. On parle alors de carence affective, au même titre que de carence minérale ou vitaminique. La chaleur humaine, les échanges sont d'authentiques vitamines pour le cœur et le corps : n'a-t-on pas prouvé que deux ou trois simples contacts de tendresse par jour (être pris dans des bras) améliorent nettement les réponses immunitaires ?

➡ 10. La perte de motivation

À la fois cause et conséquence de certains facteurs mentionnés ci-dessus, la perte de motivation et le manque d'idéal conduisent vite à la déprime ou à une révolte sans but. Sans enthousiasme, comment trouver un sens à la vie ?

La toxémie, un empoisonnement discret

Nous avons vu la nature et la fréquence des dangers auxquels nous exposent une mauvaise alimentation et un mode de vie déséquilibré. Regardons maintenant comment ils troublent notre intestin, le rendent perméable, déclenchent la candidose ou provoquent des intolérances. Si la toxémie est une notion chère aux naturopathes (ils vérifient systématiquement son niveau d'importance chez leurs patients), le grand public, lui, en ignore souvent la signification. Le principe est simple : il y a toxémie lorsque l'on rencontre dans le sang, la lymphe, les sécrétions et les cellules, des substances de natures diverses qui, en trop grand nombre, provoquent des dérèglements de l'organisme tout entier.

La toxémie peut avoir une origine endogène, lorsque les cellules n'arrivent plus à éliminer correctement des déchets de leur propre métabolisme. On la définit alors comme une « intoxination ».

Lorsqu'elle est due à l'introduction dans le corps de poisons et de substances étrangères aux besoins normaux des cellules, que ce soit par l'ingestion d'aliments, la respiration, la peau ou l'anus, elle a une origine exogène : on parle d'intoxication.

La toxémie n'existe que si l'équilibre entre l'absorption des aliments et l'évacuation des déchets est rompu. Si ce déséquilibre dure trop longtemps et devient chronique, certaines affections peuvent se développer.

Ces affections, nous les avons tous connues : rhume et bronchite en hiver, rhume des foins en été, ou même asthme qui peut apparaître en n'importe quelle saison. Autant de troubles qui reposent sur des prédispositions que la toxémie réveille. Pour le Dr américain John Tilden, qui a théorisé la notion de toxémie au siècle dernier, « moins nous éliminons les sécrétions produites par la toxémie, plus les risques de voir s'installer et se développer une pathologie sont grands. Ainsi tous les éléments toxiques doivent être drainés. »

La nature de ces éléments lui permet de distinguer plusieurs catégories de toxémie :

- la toxémie naturelle des déchets cellulaires ;
- la toxémie intestinale : avec des produits de la décomposition dans les voies digestives ;
- la toxémie organique : le pus, par exemple ;
- la toxémie chimique due aux médicaments, aux produits de synthèse, aux solvants, aux colorants ;
- la toxémie due aux substances naturelles toxiques (végétaux, vaccins, sérums, etc.).

Il est difficile de répertorier tous les éléments qui peuvent provoquer une toxémie exogène. Les aliments que nous avalons contiennent un large éventail d'agents chimiques, l'air que nous respirons dépose des milliers de particules dans nos organismes, et les produits que nous touchons sont eux aussi possiblement porteurs de microbes, de bactéries ou d'éléments chimiques. En revanche, dans la toxémie endogène, née des déchets de nos cellules, la naturopathie identifie trois types de toxines : les radicaux libres, les colles et les acides.

➡ Les radicaux libres

Générés par les cellules, ils sont responsables de l'oxydation et du vieillissement. En temps normal, notre organisme fabrique des enzymes qui vont les neutraliser afin de les évacuer. Lorsqu'il y a surproduction de radicaux libres, l'organisme est dépassé. Il a alors besoin d'éléments qui vont l'aider à s'attaquer aux radicaux libres : les vitamines A, C, E ou les oligoéléments comme le cuivre, le sélénium ou le zinc.

Chacun de nous peut aussi éviter la surproduction de radicaux libres en limitant son exposition à la pollution environnante ainsi que sa consommation d'alcool et de produits raffinés chargés de conservateurs et de pesticides...

➡ Les colles

Déchets des excès de glucides et de lipides, elles sont des conséquences indirectes du stress qui engendre nos envies de sucre.

Insolubles dans l'eau, ces colles sont transportées par la lymphe et elles s'entassent dans l'organisme sous forme de kystes, glaires, fibromes, mucosités... Elles provoquent des troubles non douloureux : rhumes, rhinites, leucorrhée...

➡ Les acides

Ce sont les déchets des excès de protéines, d'excitants et de certains fruits et légumes acidifiants. La dégradation de ces acides peut produire des cristaux, notamment sous l'effet de certaines eaux trop minéralisées. Ces cristaux provoquent des troubles souvent douloureux : calculs, problèmes articulaires, eczémas secs, zona, etc.

Les émonctoires, portes de sortie des toxines

Dans son organisation, le corps humain a prévu des voies d'évacuation pour les déchets qu'il reçoit ou qu'il produit. Les organes chargés d'organiser cette élimination sont les émonctoires. Leur bon fonctionnement est nécessaire pour préserver l'organisme d'un encrassement qui pourrait l'affaiblir et provoquer bien des troubles : fatigue, perte ou prise de poids, diminution de l'efficacité du système immunitaire, etc. Pour les naturopathes, la maladie est en effet avant tout une crise

LE CORPS ET SES ÉMONCTOIRES

Notre corps est doté d'organes filtres permettant d'assurer l'évacuation des toxines au quotidien. Véritable usine « détox », en voici les 5 principaux.

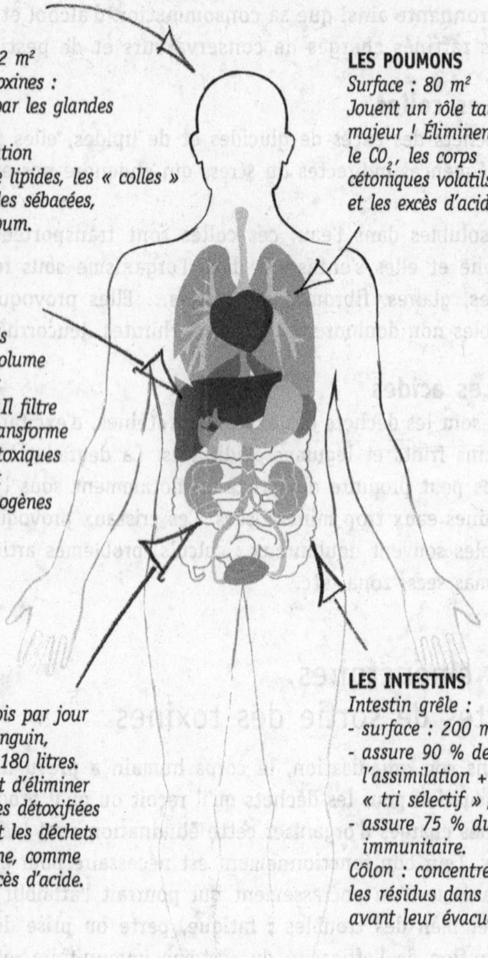

LA PEAU
Surface :
entre 1,5 et 2 m²
Élimine les toxines :
- les acides par les glandes sudoripares
- la transpiration
- les excès de lipides, les « colles » par les glandes sébacées, l'excès de sébum.

LES POUMONS
Surface : 80 m²
Jouent un rôle tampon majeur ! Éliminent le CO_2, les corps cétoniques volatils et les excès d'acide.

LE FOIE
Filtre 500 fois par jour le volume sanguin, soit 2 500 litres. Il filtre le sang et transforme les produits toxiques qu'il contient à la fois endogènes et exogènes.

LES REINS
Filtrent 60 fois par jour le plasma sanguin, soit environ 180 litres. Ils s'occupent d'éliminer les substances détoxifiées par le foie et les déchets de l'organisme, comme l'urée et l'excès d'acide.

LES INTESTINS
Intestin grêle :
- surface : 200 m² ;
- assure 90 % de l'assimilation + un « tri sélectif » ;
- assure 75 % du système immunitaire.
Côlon : concentre les résidus dans les selles avant leur évacuation.

d'élimination de la toxémie. Elle surgit quand les toxines accumulées dans notre corps ont dépassé son seuil de tolérance, et que nos émonctoires n'ont pas su gérer leurs flots trop importants.

Les organes émonctoires principaux possèdent chacun leur spécialité : les intestins évacuent les colles, les reins se chargent des acides lourds, et les poumons des acides volatils. Ils ont aussi des fonctions de dérivation : ainsi, les poumons, qui recrachent principalement des déchets gazeux, rejettent aussi des glaires, et la peau fait sortir les acides et les colles, dissoutes dans le sébum par les glandes sébacées. Autre émonctoire majeur, le foie filtre les déchets pour les éliminer dans la bile et peut neutraliser de nombreuses substances toxiques et cancérigènes.

L'évacuation des déchets passe aussi par des émonctoires secondaires, dits de secours, qui agissent quand les autres sont débordés : les yeux, la sphère ORL (nez-bouche-gorge-oreilles) et les glandes salivaires. L'impression de sable au coin des yeux, la sinusite et l'apparition de plaies sont des signes fréquents de charges toxémiques.

Quand les troubles surviennent, il devient nécessaire, voire urgent, de décrasser l'organisme pour le soutenir. Dans ce cas, il faut être prudent dans l'utilisation des médicaments. Il peut être tentant de prendre ceux qui paraissent efficaces parce qu'ils suppriment immédiatement les signes de toxémie (les mucosités, par exemple), mais s'ils ne s'attaquent pas à ses origines, la toxémie, toujours présente, cherchera à sortir par d'autres voies. Elle forcera alors l'organisme à faire davantage d'efforts, qui l'affaibliront encore plus. De nouveaux troubles, plus graves, peuvent s'ensuivre.

Nous retiendrons ici que la manifestation de certains de nos organes est le signe d'un seuil plus ou moins avancé d'encrassement. C'est le moment d'agir.

Quand nos intestins se troublent

Imaginez un tuyau de vidange qui servirait à rejeter dans une fosse des eaux particulièrement polluées. Si ce tuyau est percé ou bouché, les eaux vont contaminer tout l'environnement ou s'accumuleront jusqu'à ce qu'elles trouvent une autre sortie, quitte à tout détruire sur leur passage. Cette comparaison peut s'appliquer à l'intestin, voie centrale d'évacuation de nos déchets alimentaires. Un mauvais fonctionnement de cet émonctoire sensible peut avoir des conséquences dangereuses pour tout l'organisme.

A priori, l'intestin grêle est conçu comme une barrière de haute précision. Sa paroi permet le passage dans le sang des molécules nécessaires à l'organisme (celles des aliments issus de la digestion, l'eau, les minéraux). En revanche, elle bloque l'entrée aux molécules indésirables, comme les bactéries ou les molécules étrangères.

Cette paroi est constituée de cellules — les entérocytes — qui agissent comme des douaniers, laissant passer les bons éléments et interdisant les autres. Entre deux entérocytes, il existe un espace dont le rôle est très important : la jonction serrée. Cet espace, véritable centre de contrôle de la perméabilité de l'intestin, est censé être trop étroit pour être franchi par les molécules insuffisamment digérées, grosses et nocives. Chez les individus en bonne santé, les jonctions serrées intactes d'un intestin mature jouent donc un véritable rôle de barrière sanitaire. En revanche, lorsqu'elles sont endommagées, elles laissent la voie libre aux grosses molécules d'origine alimentaire ou bactérienne, qui traversent la muqueuse intestinale. Celles-ci, en se répandant, provoquent alors l'apparition d'allergies ou de maladies auto-immunes, des maladies (comme la sclérose en plaques, le diabète de type 1 ou la maladie de Crohn) dues à une hyperactivité du système immunitaire, contraint de se battre sans répit contre des substances néfastes présentes dans l'organisme…

L'hyperperméabilité intestinale en hausse

On sait depuis les années 1980 que, même chez un individu en bonne santé, l'étanchéité de l'intestin grêle est imparfaite. Des petits peptides (polymère d'acides aminés) franchissent la barrière intestinale *via* des jonctions serrées altérées, ainsi que des protéines en faible quantité. Cependant, on ne parle d'hyperperméabilité du grêle que lorsqu'il y a passage de protéines alimentaires en quantité excessive et de manière pathologique. Les médecins constatent une augmentation de ce phénomène chez la plupart de leurs patients atteints d'une maladie inflammatoire chronique. Ils observent aussi une hausse des manifestations d'intolérance au lait de vache et au gluten, et remarquent que les migraines dues au lait, au blé et aux œufs peuvent guérir par la suppression de ces aliments.

Le *Candida albicans*, un champignon sournois

Vous vous sentez tous les matins comme une limace ? Vous êtes triste et anxieux sans raison ? Vous avez du mal à vous concentrer ? Vous souffrez de problèmes digestifs, de démangeaisons, de migraines, de maux de crâne ? Vous avez essayé tous les régimes sans jamais perdre du poids ? Et vous vous demandez chaque jour quelle malédiction vous a frappé ?

Aussi surprenant que cela puisse paraître, cette malédiction est peut-être d'origine microscopique. Tapi dans l'ombre de vos intestins, un minuscule champignon nommé *Candida albicans* pourrait être le seul auteur de ces vastes dégâts.

Cette levure provoque la candidose, une maladie que beaucoup d'entre nous reconnaissent quand elle apparaît sous la forme de « muguet », ces taches blanches dans la bouche et sur les lèvres, qui démangent atrocement et affectent en priorité les nourrissons et les personnes au système immunitaire affaibli.

En réalité, la candidose touche sous d'autres formes une population bien plus large dans nos sociétés industrielles : aux États-Unis, 90 % des Américains présentent un taux de *Candida albicans* plus élevé que la normale dans l'intestin et 80 millions de personnes en sont infectées, dont 70 % de femmes.

Pourtant, comme les autres organismes qui peuplent normalement notre intestin, le *Candida albicans* n'est pas néfaste en soi. En quantité équilibrée, il participe aux tâches dévolues à la flore de nos boyaux : entretenir le bon état de la paroi intestinale, compléter la digestion des aliments en en retirant le meilleur, et renforcer nos défenses naturelles.

Dans un microbiote intestinal équilibré, levures et bactéries s'autorégulent. Elles se tiennent mutuellement en respect, chacune contrôlant la nourriture de l'autre : les bactéries produisent les acides organiques qui alimentent les levures, et les levures produisent les acides aminés et les peptides que mangent les bactéries.

Chacune a besoin des autres pour se développer harmonieusement, un état que les scientifiques désignent sous le nom « symbiose », tiré du grec « vivre ensemble ».

Malheureusement, cette harmonie est fragile. Différents facteurs — notamment une mauvaise alimentation ou certains médicaments — peuvent la détruire. Par exemple, si vous prenez trop de sucre, vous multipliez les levures qui en raffolent. Et si vous abusez d'antibiotiques, vous détruisez les bactéries. Résultat : une population peut prendre le dessus sur l'autre, l'équilibre est rompu, et des troubles éclatent. C'est la dysbiose, le contraire de la symbiose.

Quand les levures, dont *Candida albicans* est l'espèce dominante, se développent abusivement dans l'intestin et le colonisent, les mycoses apparaissent. Elles peuvent évidemment s'accompagner d'une fatigue générale et de la cohorte de symptômes évoqués plus haut. Le mal est déclenché[1].

L'intolérance au gluten : pourquoi tant de bruit ?

L'intolérance au gluten est un phénomène médiatique récent. Pourtant, ni cette affection ni cette protéine ne sont vraiment nouvelles. On trouve naturellement le gluten dans certaines céréales : le blé, le seigle, l'avoine, l'orge et l'épeautre. Ses qualités de « liant » permettent d'en tirer des farines et des pâtes faciles à travailler, notamment pour la fabrication du pain. Quant à l'intolérance, elle est depuis longtemps connue sous le nom de maladie cœliaque.

Ce n'est qu'à la fin des années 1990 que Scott Adams, un Américain affecté de cette intolérance, en a fait un véritable phénomène de société. Parce qu'il voulait que les gens souffrant du même mal que lui puissent s'alimenter sans être malades, il a lancé le premier supermarché en ligne d'aliments sans gluten. Le succès foudroyant de son entreprise a alors révélé que la maladie cœliaque était beaucoup plus répandue que l'institution médicale ne le pensait. Jusqu'alors elle avait souvent été mal diagnostiquée et donc sous-estimée.

L'apparente augmentation du nombre d'intolérants au gluten est sans doute aussi une conséquence des pratiques de l'industrie alimentaire. Durant ces dernières décennies, elle a augmenté la concentration de gluten dans les céréales, l'introduisant ainsi dans de nombreux produits fabriqués à base de céréales. Aujourd'hui, l'Association française des intolérants au gluten (AFDIAG) estime qu'une personne sur cent peut développer la maladie cœliaque en Europe, un taux de prévalence identique à celui des États-Unis. L'AFDIAG relève aussi que seuls 10 à 20 % des cas seraient diagnostiqués en France.

La maladie cœliaque, auto-immune, se développe quand le gluten colmate comme une sorte de colle les villosités des parois intestinales. Il limite alors la bonne absorption des nutriments, notamment du calcium et du fer. Conséquences ? Diarrhées et maux de ventre, mais aussi troubles beaucoup plus graves : déminéralisation des os, déclenchement d'autres maladies auto-immunes, dérèglement de la thyroïde, diabète, voire cancer, une liste de méfaits encore incertaine, car la médecine s'interroge toujours aujourd'hui sur tous les effets potentiels... Il n'existe en tout cas aucun médicament contre cette intolérance. Le seul traitement consiste à suivre un régime sans gluten à vie. La vie quotidienne des malades en est sérieusement perturbée, puisqu'ils sont obligés de sélectionner soigneusement les produits qu'ils consomment et de se montrer très vigilants dans les restaurants et les cantines.

À côté des intolérants, la médecine décrit deux autres types de victimes du gluten : les hypersensibles et les allergiques. Les hypersensibles ne sont pas diagnostiqués positifs à la maladie cœliaque, mais souffrent de maux de ventre, d'eczéma ou d'une fatigue générale après avoir absorbé du gluten. Les allergiques, eux, le sont comme ils pourraient l'être aux kiwis ou aux cacahuètes. L'allergie ne dépend pas des mêmes mécanismes que ceux de la maladie elle-même et présente des symptômes différents et immédiats. Tous, hypersensibles ou allergiques, ont cependant intérêt à éviter le gluten...

La médiatisation des maladies dues au gluten a fait réagir les consommateurs et la médecine. Tant mieux. Mais la triste notoriété du gluten ne doit pas être l'arbre qui cache la forêt. Tous les autres maux dus à la malbouffe et à une mauvaise hygiène de vie doivent nous faire réfléchir à l'impérieuse nécessité de mettre régulièrement nos intestins au repos pour préserver notre organisme.

Alimentation saine, exercice physique, monodiètes, journées de jeûne régulières ou jeûnes d'une semaine sont les moyens que je préconise pour adopter un nouvel équilibre de vie, mais la mise en place de cet équilibre ne saurait s'improviser. Elle demande à chacun une réflexion profonde sur ce qu'il est, ce qu'il veut devenir, et sur les conditions d'une modification de ses comportements.

Les maladies de société qui nous entourent doivent inciter chacun de nous à s'interroger : jusqu'où dois-je souffrir pour décider de prendre ma santé en main ? Dois-je vraiment attendre la douleur pour m'en préoccuper ? De ces premières questions, essentielles, découleront beaucoup d'autres : comment et que manger ? Comment échapper au stress ? Comment quitter mon état de sédentarité et bouger ? Tout ce questionnement est un préalable au changement de nos habitudes. Je peux y répondre avec un seul mot : l'envie. En effet, seule l'envie d'aller mieux et de reprendre soin de vous pourra déclencher le processus de votre transformation et vous en donner les moyens. L'envie constitue le vrai et l'unique bouton de démarrage. Tout le monde est équipé de ce bouton, mais beaucoup d'entre nous l'ignorent encore. Je vais vous aider maintenant à le découvrir et à l'activer...

La mise au repos du système digestif Et alors, cette mise au repos, ça fait quoi ?

Nos intestins sont si malmenés, tant par nos sursollicitations psychoémotionnelles que par notre rythme alimentaire, qu'il nous est presque plus facile de décrire les symptômes de nos maux que d'aborder les points positifs d'une mise au repos. Alors concrètement, que se passe-t-il quand je donne un peu de répit à mes intestins ?

1 Tout d'abord, on assiste mécaniquement à un ralentissement de la fonction péristaltique des intestins.

Eh oui, le fait de manger moins (soit une réduction alimentaire temporaire, soit, mieux, le jeûne) va engendrer une baisse du péristaltisme intestinal. En effet, les muscles lisses entourant les intestins et tout le tube digestif ont la mission, au travers d'ondulations musculaires, de faire avancer le bol alimentaire progressivement de la voie d'entrée à la voie de sortie.

↳ première économie d'énergie mécanique

2 **On assiste aussi à une réduction de la production des sucs digestifs. Il y a moins à digérer, le corps régule sa quantité de sucs à produire, et en produit beaucoup moins.**

↳ deuxième économie d'énergie au niveau des glandes digestives

3 Au niveau nerveux

La non-sollicitation des aliments et des informations à transmettre amène un calme intérieur et une meilleure communication.

↳ troisième économie d'énergie nerveuse

On estime un regain de 20 à 30 % d'énergie en conjuguant les trois économies : mécanique, digestive et nerveuse.

4 Au niveau de la flore, un nouvel équilibre

Au royaume de nos bactéries, nous allons assister à un vrai nettoyage et une vraie autorégulation. Les bactéries vont se réguler et se rééquilibrer à l'équilibre dit saprophyte, donc bénéfique pour l'organisme. Certaines bactéries ne recevant plus de sucres se calmeront progressivement, notamment les *Candida albicans.*

5 Renouvellement cellulaire de l'intestin grêle

Les cellules de l'intestin grêle se renouvellent très vite, tous les 2 à 5 jours.

Il faut savoir que, chaque minute, un million de cellules sont renouvelées.

Ce phénomène de renouvellement s'appelle l'entéropoïèse.

Ainsi la muqueuse intestinale jouit de la possibilité de faire peau neuve durant cette mise au repos, étant moins sollicitée à l'absorption des micronutriments préparés par la digestion. Les cellules auront aussi plus d'énergie pour fabriquer les immunoglobulines A, anticorps chargés de la protection de la muqueuse intestinale.

6 Au niveau du système immunitaire intestinal (SII)

Rappelons que le système immunitaire de l'intestin est le plus important de l'organisme de par la quantité de cellules immunitaires (lymphocytes, macrophages) déployées le long de sa muqueuse (70 %).

Le SII doit reconnaître les molécules du soi (c'est-à-dire celles provenant des cellules de l'organisme) et les molécules du non-soi qui sont les molécules étrangères à l'organisme. Il doit différencier les structures inoffensives, voire utiles, et qui sont tolérées par l'organisme — aliments, bactéries amies de la flore — de celles contre lesquelles il doit se défendre. Et c'est cette fonction de tolérance qui va éviter le développement des hypersensibilités alimentaires et d'un certain nombre de pathologies.

Les cellules immunitaires synthétisent des anticorps, notamment les immunoglobulines A (IgA), chargées de défendre l'organisme contre les germes pathogènes ou opportunistes. On retrouve les IgA au niveau des muqueuses oropharyngées, digestives, respiratoires et urogénitales ; elles sont chargées de leur protection et du contrôle de la prolifération de bactéries nocives. En clair, les IgA améliorent les défenses de l'organisme. En assurant la défense de l'organisme face aux agents nocifs et en favorisant la tolérance des aliments, le SII participe à l'équilibre de l'écosystème intestinal.

En phase de repos digestif, notre SII est plus performant. N'ayant pas à gérer la sursollicitation de nos repas et de leurs taux de toxicité, il peut s'activer à faire du ménage à l'intérieur de nous-mêmes. Les études citées plus loin du Pr Valter Longo en témoignent : 24 heures de jeûne, et nous assistons déjà à une augmentation de l'efficacité de notre système immunitaire de plus de 20 %.

Cette mise au repos des intestins permet :

- une véritable économie des énergies mécanique, digestive et nerveuse ;
- une autorégulation de la flore intestinale ;
- une régénération des cellules entérocytes des parois ;
- une augmentation de l'efficacité du système immunitaire.

Partie II

J'adopte de bonnes habitudes pour prendre soin de mes intestins

Apporter de la vie aux années
et des années à la vie.

La santé est, de tous les trésors,
le plus précieux et le plus mal gardé.

Joseph SANIAL-DUBAY,
Pensées sur l'homme, le monde et les mœurs, 1813

Faites une pause, fermez les yeux et posez-vous cette simple question : pour quelles raisons ai-je envie d'être en bonne santé ?

La réponse demande réflexion et ouvre bien des tiroirs : ai-je envie d'être en bonne santé parce que j'ai horreur des médicaments et des hôpitaux ? Parce que j'ai beaucoup de choses à faire et de gens à voir dans les prochains jours ? Parce qu'il faut que je reste en forme pour travailler ? Parce que je veux pouvoir me regarder avec fierté dans un miroir ? Puis viennent d'autres questions : que fais-je quotidiennement pour préserver cette santé ? Est-ce que je ne me laisse pas aller à des repas trop chargés, au grignotage, à l'alcool ? Est-ce que je marche suffisamment ? Est-ce que je fais du sport ?

Avouons-le, ces interrogations arrivent souvent trop tard. Nous attendons que la douleur se déclare chez nous ou chez un proche pour nous inquiéter.

Comment l'expliquer ? D'une part, penser à sa bonne santé revient à évoquer la maladie, le revers de la médaille. Or personne n'aime s'imaginer souffrant et alité. D'autre part, notre système de santé nous incite à penser que nous pouvons aller voir un médecin dès que nous sommes malades et que celui-ci nous remettra sur pied… Jusqu'à la prochaine fois.

Ces deux attitudes sont les fruits d'une culture occidentale. Dans la plupart des domaines, on nous inculque que seul le progrès technique peut apporter les solutions à nos maux et à nos besoins. On ne peut que reconnaître les extraordinaires avancées qui ont mis fin aux grandes épidémies, permis de trouver des remèdes à bien des maladies et largement contribué à reculer les âges de la mortalité. Cependant faut-il pour autant accorder une confiance quasi aveugle à notre manière d'appréhender la médecine ? L'Orient en apporte une autre conception. Dans la Chine ancienne par exemple, le médecin se faisait payer toute l'année par son patient, sauf le jour où il devait intervenir. « Soigner la maladie quand elle est là, c'est comme vouloir creuser un puits quand on a soif », dit un proverbe chinois. Le médecin était tenu de préserver la santé des gens afin qu'ils ne tombent pas malades, et ainsi la maladie était vécue comme un échec des thérapies préventives.

Aujourd'hui, la naturopathie et de nombreuses autres formes de médecine douce nous engagent à retrouver cette sagesse perdue. Elles se focalisent sur le soin quotidien de notre organisme, un trésor qu'il faut chérir sous peine de le voir dépérir. Elles nous enseignent à prendre des habitudes d'hygiène de vie, à casser le lien qui unit mauvais comportements alimentaires, sédentarité et stress, et à renoncer aux chaînes de l'addiction. Ces méthodes nous invitent à prendre conscience qu'une bonne santé est synonyme de liberté.

Pour entrer dans cette logique, vous devez d'abord comprendre combien le stress, l'alimentation et la sédentarité vous affectent personnellement. Vous définirez et mesurerez par conséquent plus précisément les fardeaux qui alourdissent votre vie, et vous stimulerez l'envie de vous en débarrasser.

Pour cela, prenez le temps de vous poser ces quelques questions qui touchent les domaines émotionnel, alimentaire et physique.

Le triangle de la santé

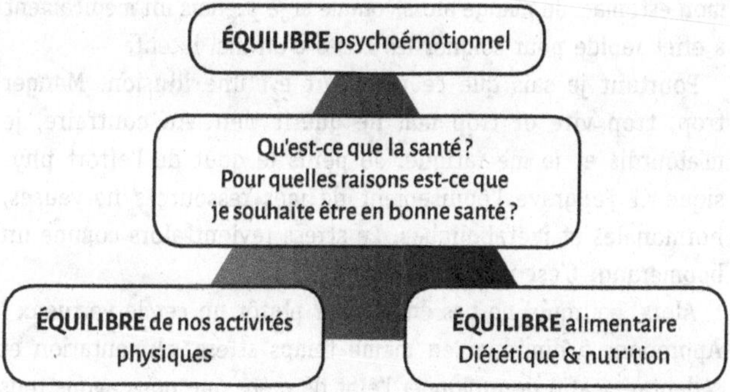

Émotionnel

- Aujourd'hui et tous les jours, quels sont les stress auxquels je dois faire face ?
- Quel est mon niveau de stress sur une échelle de 1 à 5 ?
- Ai-je la possibilité de mieux gérer ces situations ?
- Puis-je en modifier la source ?
- Ma vie personnelle, ma vie familiale et ma vie professionnelle sont-elles équilibrées ?

Alimentaire

- Mes repas sont-ils l'occasion de moments privilégiés ?
- Quel est le rapport entre la qualité et la quantité de ce que je consomme ?
- Ai-je besoin de beaucoup de compensation alimentaire, de sucreries, de grignotage ou d'alcool ?

Physique

- Suis-je fatigué ?
- Mon corps me plaît-il ?
- Est-ce que je prends le temps de pratiquer une activité physique ?... Un peu, beaucoup, passionnément ou pas du tout ?
- Quel sport aimerais-je pratiquer ?

Nous savons que ces trois domaines sont intimement liés. Fréquemment, quand je cherche à pallier le stress, la tension et les émotions négatives, je vais spontanément remplir mon assiette et mon estomac. Je mange alors comme si je prenais un médicament à effet rapide pour soigner les crises d'un mal latent.

Pourtant je sais que ce réconfort est une illusion. Manger trop, trop vite et trop mal ne guérit rien. Au contraire, je m'alourdis et je me fatigue. Je perds le goût de l'effort physique et j'aggrave l'épuisement de mes ressources nerveuses, hormonales et métaboliques. Le stress revient alors comme un boomerang. C'est un cercle vicieux.

Alors, pourquoi ne pas enclencher plutôt un cercle vertueux ? Apprenons à diminuer en même temps stress, alimentation et sédentarité afin de prolonger l'état de grâce que nous avons tous connu au moins une fois dans notre vie : ce moment où l'on voit le ciel en bleu, où l'on se contente d'un repas frugal et où grandit en nous l'envie d'aller faire un tour dehors et de profiter de l'instant présent. C'est le programme de la naturopathie : remise en état du corps par la détoxification et le jeûne, randonnées dans une nature préservée et évacuation des tensions…

J'encourage chacun à adapter ce cercle vertueux à son rythme, à ses contraintes et à son environnement pour en faire un mode de vie. Mais je sais aussi qu'il est très difficile de changer ses habitudes du jour au lendemain. Ce changement ne peut être stimulé que par un seul mot d'ordre : l'envie. L'envie est ici le contraire de la contrainte et du devoir. C'est là une différence notable entre l'approche de la médecine classique et celle de la naturopathie. La première a hélas plus souvent tendance à brandir la menace : « Il faut suivre l'ordonnance du médecin, sinon gare aux risques. » Tandis que la seconde envoie une injonction positive qui incite à profiter de sa santé pour mieux l'aimer et la choyer.

Remplacer le « il faut » par un « j'ai envie », c'est déjà commencer à construire un écosystème de pensées et d'actions qui se nourriront les unes les autres.

J'ai envie de gérer mon stress

Vous pouvez vous engager dans un changement vertueux en commençant par vous attaquer au stress. Mais s'en débarrasser est plus facile à dire qu'à faire tant ses causes sont nombreuses, variées et permanentes. Les lois de l'urgence, de la réactivité, de la performance ou encore de la concurrence règnent dans la sphère professionnelle. Rares sont les corps de métiers qui y échappent, et qui échappent à la spirale qu'elles déclenchent. Toute la vie en subit les conséquences. Ce tourbillon aspire les relations sociales, conjugales, familiales et le psychisme de chacun.

D'autres sources de stress remontent aux traumatismes de l'enfance, dans des blessures mal cicatrisées ou dans des peurs enfouies. À moins de s'être allongé de longues années durant sur le divan d'un psychanalyste, il n'est pas facile d'identifier, ni d'extirper, cette forme de stress profondément ancré, celui avec lequel nous avons grandi et qui nous constitue.

Vous ne trouverez donc pas dans ces pages de remède absolu, ni de recette pour l'éradiquer une fois pour toutes. D'ailleurs, comme vous l'avez vu dans la partie précédente, ce serait une erreur de supprimer le stress totalement. Il est en effet avant tout un signal de danger et nous donne la motivation pour y faire face. L'annihiler reviendrait à se priver de défenses. En revanche, vous pouvez apprendre à le gérer et à le contrôler afin qu'il ne déborde pas, qu'il ne vous mène pas à l'épuisement général.

Le stress qui nous intéresse ici est latent, constant, parfois hérissé de crises. Il est dû à un rythme de vie permanent plutôt qu'à une cause immédiate et ponctuelle, et il est souvent entretenu à coups de café, d'alcool, d'excitants et de sucre. Nous lui devons des sautes d'humeur, des migraines, des contractions musculaires, des prises de poids et, bien sûr, des maux d'intestin.

Ce stress-là, nous avons tous une façon différente de l'appréhender, et certains sont mieux armés que d'autres pour le supporter. Une vie riche d'expériences contrastées ou un tempérament optimiste apprennent que surréagir à une situation désagréable ne fait que l'empirer. Vous faites peut-être plutôt partie de ceux qui ne disposent pas de ces boucliers pour se protéger. C'est à vous surtout que s'adressent les conseils qui suivent.

13 moyens de calmer votre stress

➡ 1. Planifiez vos engagements importants

Si les surprises et les imprévus vous stressent, c'est le meilleur moyen de vous y préparer et d'anticiper les réponses aux situations. Attention : planifier ne veut pas dire y penser en permanence. Au contraire, planifier signifie anticiper les divers scénarios, les ranger dans un coin de sa tête ou de son agenda... et passer à autre chose.

➡ 2. Gérez mieux votre temps

Bon nombre d'entre nous sous-estiment le temps nécessaire à l'accomplissement d'une tâche, ce qui engendre des retards, sources de stress. Essayez de tenir un journal de gestion du temps sur une période d'une semaine, afin de vous faire une meilleure idée de la durée de chaque activité. Ensuite, placez-les par ordre de priorité, les plus importantes en premier. La procrastination, qui consiste à repousser sans cesse une obligation, est aussi un facteur de stress. Pour gagner en sérénité, prévoyez 20 % de temps en plus dans votre estimation.

Ne vous surestimez en aucun cas en chargeant votre agenda. Mieux vaut un devoir bien rempli que deux bâclés. De plus, un travail bien fait vous incite à cultiver le sentiment de réussite plutôt que ceux de frustration et d'échec.

➡ 3. Prenez du temps pour vous

Vous sentez que la routine vous accable ? C'est normal. Notre corps et notre esprit ont besoin d'une certaine variété de situations pour éviter la saturation. Essayez de prendre au moins un jour par semaine pour faire quelque chose que vous aimez : écouter de la musique, jouer avec votre animal de compagnie, voir des amis, aller au cinéma... Surtout, faites-le sans penser que ce temps de loisir est « volé » aux autres, à votre travail ou à vos proches. Ne culpabilisez pas, ce n'est pas de l'égoïsme, mais bien un temps salutaire, pour vous et pour votre entourage.

➡ 4. Apprenez à dire « non »

S'imaginer qu'on peut tout faire crée une pression inutile. Apprenez à établir vos limites. Refusez poliment, mais avec fermeté, d'accepter des responsabilités ou d'entreprendre des projets additionnels pour lesquels vous n'avez pas le temps ou l'énergie. Ne sentez pas que vous devez vous justifier en donnant de longues explications détaillées. Dire simplement « J'aimerais bien aider, mais mon agenda est chargé » peut suffire. C'est une façon de se respecter soi-même.

➡ 5. Déconnectez-vous

Accordez-vous de temps à autre une détox digitale. Utiles et séduisants, smartphones, ordinateurs et tablettes sont partout. Ils ont créé des besoins que les générations précédentes ne connaissaient pas. Ces besoins ont sensiblement modifié nos habitudes sociales et notre rapport au temps en nous incitant à une réactivité immédiate. Bien que la puissance du digital repose sur sa capacité à créer du lien, l'hyperconnexion permanente peut facilement devenir asphyxiante. Acceptez de ne pas vous connecter et de rester injoignable de temps à autre.

➡ 6. Veillez à la qualité de votre sommeil

Un bon sommeil réparateur est fondamental, tant pour reposer notre corps des fatigues physiques que pour assimiler les expériences vécues au long de la journée. Il préserve aussi de certaines affections. Ainsi dormir moins de 5 heures par nuit augmente de 55 % les risques d'obésité. Cependant, évitez autant que possible les somnifères, qui assomment et peuvent devenir addictifs.

➡ 7. Adoptez la pensée positive

Quand vos tracas deviennent des obsessions, essayez de remplacer une pensée négative par une pensée positive, mais toujours réaliste. Par exemple, au lieu de « Je sais que quelque chose n'ira pas lors de ma présentation », dites-vous : « Quoi qu'il arrive, je peux gérer. » La pensée positive ne consiste pas seulement à voir le verre à moitié plein plutôt qu'à moitié vide, elle consiste à transformer chaque situation en nouvelle possibilité.

➡ 8. Contrôlez votre « dialogue interne »

Une bonne partie de notre anxiété est due à notre surréaction. Notre esprit peut s'emballer en échafaudant des hypothèses toujours plus graves et transformer ainsi un petit incident en catastrophe. Adoptez le troisième accord toltèque — une ancienne technique de bien-être issue des traditions précolombiennes —, qui consiste à refuser de faire des suppositions devant une situation donnée et à se contenter des faits.

➡ 9. Choisissez judicieusement vos aliments

Certains aliments peuvent augmenter votre niveau de stress tandis que d'autres peuvent aider à le réduire. Les aliments gras, sucrés ou transformés semblent l'accroître chez la plupart d'entre nous, tandis que la viande maigre, les grains entiers ainsi que les fruits et les légumes frais ont tendance à le réduire. Votre corps ne s'en portera que mieux. Si vous ne savez pas les préparer, initiez-vous aux ateliers de cuisine santé ou consultez un naturopathe.

➡ 10. Apprenez à mieux respirer

Le stress peut générer des respirations peu profondes, ce qui prive votre corps d'assez d'oxygène pour se détendre. Apprenez à prendre des respirations plus lentes provenant du fond de votre abdomen. Pour y arriver, imaginez que vous avez un petit ballon de plage derrière votre nombril, que vous devez gonfler et dégonfler lentement. Ce mouvement induit par le diaphragme prodiguera des massages à vos intestins.

➡ 11. Bougez !

L'exercice est reconnu pour atténuer la tension et soulager les symptômes. Allez-y progressivement afin d'évaluer la tolérance de votre corps à cette nouvelle dynamique. Inscrivez-vous dans un club de randonnée, une salle de sport, de yoga ou bien prenez tout simplement le temps de marcher.

➡ 12. Tordez-vous de rire

Le rire élimine naturellement le stress. Il abaisse la pression artérielle, ralentit les fréquences cardiaques et respiratoires et détend vos muscles. Si vous savez ce qui vous fait rire — une comédie, certains humoristes, des amis —, n'hésitez pas ! Ils vous feront relativiser vos problèmes. Vous pouvez aussi essayer une séance de yoga du rire.

➡ 13. Méditez

L'impact de la méditation sur notre santé et sur nos organes, dont les intestins, est désormais prouvé. Elle procure une détente nerveuse et l'afflux d'hormones apaisantes. « Celui qui médite a le temps de tout, celui qui ne médite pas n'a le temps de rien », dit le maître zen Dogen. Si vous ne savez pas vous y prendre, découvrez les ateliers de méditation en pleine conscience.

J'ai envie de mieux manger

L'alimentation a pour objectif de fournir les nutriments indispensables au développement cellulaire de notre corps et aux fonctions vitales de tout notre organisme. Un corps vivant n'arrête jamais de consommer cette source d'énergie.

On distingue habituellement deux niveaux de dépense énergétique du corps humain : la dépense basale, qui correspond au fonctionnement du corps au repos complet, et la dépense énergétique supplémentaire, qui permet l'activité physique.

À ces deux dépenses s'ajoutent celle qui est nécessaire au maintien de la température du corps et celle que doit fournir l'appareil digestif pour transformer les aliments absorbés. Ce seul cheminement de la nourriture dans notre organisme représente en moyenne 10 % de la dépense énergétique quotidienne. Cette dépense d'énergie conditionne toutes les autres, car en mangeant nous lançons tout le processus de vie. Nous avons donc tout intérêt à manger mieux — et souvent moins — afin de ne pas soumettre nos intestins à un travail trop important. Plus ils font d'efforts pour digérer, plus ils brûlent d'énergie. Il en restera moins à l'organisme pour activer ses autres fonctions. Nous l'avons tous constaté : quand nous consommons des aliments trop lourds à digérer, la fatigue s'installe.

Mais mieux manger ne se décrète pas, c'est une habitude à prendre. Encore une fois, seule l'envie peut être le moteur efficace de ce changement de comportement.

La première chose à savoir est que nous ne sommes pas tous égaux devant la nourriture. Votre organisme dépend d'abord en partie de votre patrimoine génétique, des gènes que vous avez reçus de vos parents et de vos aïeux. Ils déterminent votre constitution physique de base. Êtes-vous doté d'os solides ou d'un estomac défectueux ? Avez-vous hérité d'une déficience congénitale ?

Au patrimoine génétique s'ajoute un patrimoine culturel. Êtes-vous né dans une famille de grands carnivores ou, au contraire, de végétariens ? Avez-vous très tôt été habitué aux sucreries industrielles plutôt qu'aux fruits frais ?

Ces prédispositions sont complétées par votre propre rapport à l'alimentation, façonné tout au long de votre existence par de multiples facteurs psychologiques. Des traumatismes enfouis peuvent vous éloigner de certains aliments, tandis que d'autres vous attirent parce qu'ils réveillent plus ou moins consciemment des souvenirs heureux.

Au fond, vos besoins et vos goûts sont toujours singuliers. Il en existe autant que d'individus, et, idéalement, chacun devrait pouvoir trouver dans la nature de quoi les satisfaire. Hélas, la vie en société en décide autrement, l'alimentation y est organisée. La nourriture et les repas sont soumis à mille impératifs économiques et culturels qui ne répondent pas toujours aux demandes précises de chaque organisme. En somme, nous devons tous nous adapter au mieux à notre environnement, en y cherchant et en y préservant les ressources qui nous sont les plus profitables. Un constat décourageant ? Non, au contraire, un défi stimulant ! Car cette quête, destinée à soigner et à prolonger la vie, lui donne du sens.

Aujourd'hui, trois grands courants de pensée peuvent vous accompagner en vous proposant d'améliorer votre santé par l'alimentation : la nutrition, la diététique et le végétarisme.

La nutrition, ou l'art de s'alimenter

La nutrition est une discipline au long cours. Elle consiste à bien s'alimenter quotidiennement en fonction de ses besoins physiologiques, eux-mêmes corrélés à une hérédité et à un mode de vie.

Elle prescrit de faire attention à la quantité et à la qualité de la nourriture. Cela signifie rompre avec nos plus mauvaises habitudes, celles qui consistent à manger trop, sans respecter l'équilibre nutritionnel ; celles aussi qui nous permettent d'accepter dans nos assiettes des aliments additionnés de produits chimiques aux effets désastreux.

Les programmes nutritionnistes privilégient les aliments issus de l'agriculture et de l'élevage biologiques, ainsi que ceux qui sont produits localement et nécessitent moins de conservateurs et de transformations. Ils nous conseillent de limiter les excitants, les sucreries et les produits raffinés en tout genre. Ils nous invitent à préférer les légumes et les fruits de saison, les céréales semi-complètes, les légumineuses, les légumes lactofermentés, les algues… et à boire au moins un litre et demi d'eau faiblement minéralisée par jour.

En règle générale, les nutritionnistes nous incitent aussi à réduire notre consommation de protéines animales et sous-animales. Manger de la viande rouge une fois tous les quinze jours, et de la viande blanche, de la volaille et du poisson, ainsi que des œufs et des produits laitiers deux fois par semaine suffit.

C'est également une invitation à passer du statut de simple consommateur à celui de « consomm'acteur ». En choisissant des aliments produits par les filières locales et biologiques, nous réduisons la puissance d'une industrie agroalimentaire qui impose ses choix de consommation.

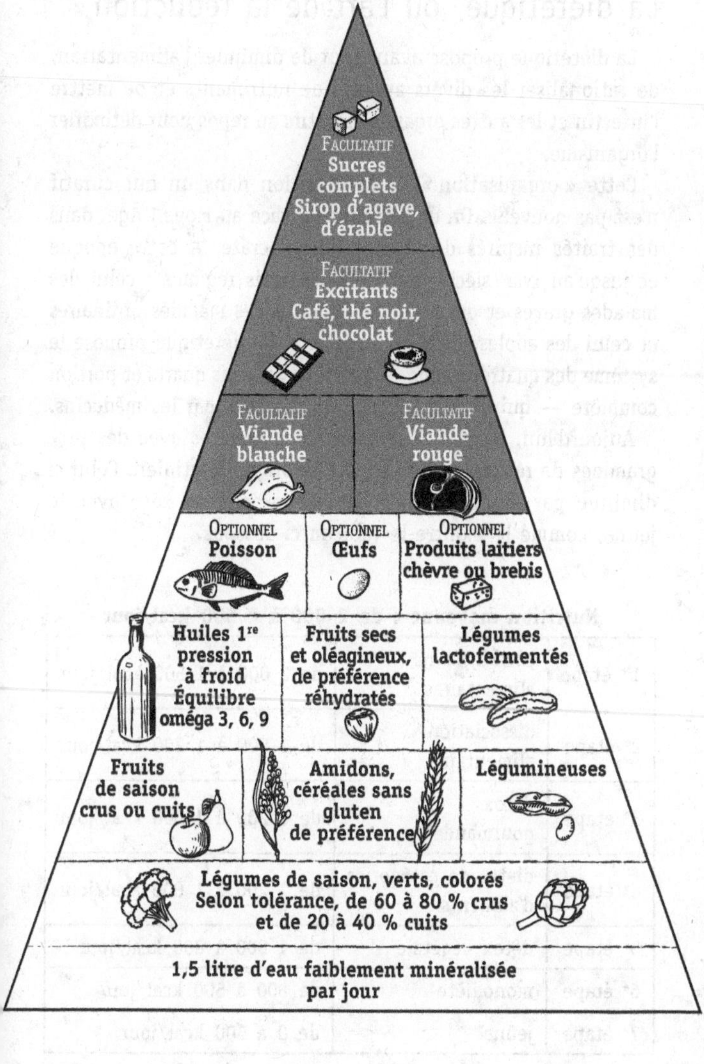
FACULTATIF
Sucres complets
Sirop d'agave, d'érable
FACULTATIF
Excitants
Café, thé noir, chocolat
FACULTATIF
Viande blanche
FACULTATIF
Viande rouge
OPTIONNEL
Poisson
OPTIONNEL
Œufs
OPTIONNEL
Produits laitiers chèvre ou brebis
Huiles 1re pression à froid Équilibre oméga 3, 6, 9
Fruits secs et oléagineux, de préférence réhydratés
Légumes lactofermentés
Fruits de saison crus ou cuits
Amidons, céréales sans gluten de préférence
Légumineuses
Légumes de saison, verts, colorés
Selon tolérance, de 60 à 80 % crus
et de 20 à 40 % cuits
1,5 litre d'eau faiblement minéralisée par jour

La diététique, ou l'art de la réduction

La diététique propose avant tout de diminuer l'alimentation, de rationaliser les divers apports de nutriments et de mettre l'intestin et les autres organes digestifs au repos pour détoxifier l'organisme.

Cette « organisation » de la nutrition dans un but curatif n'est pas nouvelle. On en retrouve la trace au Moyen Âge, dans des traités inspirés des textes d'Hippocrate. À cette époque et jusqu'au XVIIIe siècle, on distingue trois régimes : celui des malades graves et des accouchées, celui des malades ordinaires et celui des adolescents. Au XIXe siècle, la diététique propose le système des quatre rations — quart, demi, trois quarts et portion complète — qui définit les régimes prescrits par les médecins.

Aujourd'hui, les méthodes sont plus précises avec des programmes de réduction de l'apport calorique quotidien. Celui-ci diminue par étapes jusqu'à devenir proche de zéro avec le jeûne, comme le montre le tableau ci-dessous.

Nutrition moyenne : de 2 000 à 2 500 kcal/jour

1re étape	combinaisons alimentaires	de 2 000 à 1 500 kcal/jour
2e étape	dissociation alimentaire	de 1 500 à 1 200 kcal/jour
3e étape	détox gourmande*	de 1 200 à 1 000 kcal/jour
4e étape	diètes de catégories d'aliments	de 1 200 à 1 000 kcal/jour
5e étape	détox végétale*	de 1 000 à 800 kcal/jour
6e étape	monodiète	de 800 à 500 kcal/jour
7e étape	jeûne	de 0 à 500 kcal/jour

La diététique est souvent associée aux régimes parce qu'elle est ponctuelle et se pratique sur une durée limitée. Elle repose d'ailleurs notamment sur les principes de la dissociation alimentaire, repris par un célèbre régime des années 1990, la méthode Montignac. La règle en est simple : éviter les mauvais mélanges au cours d'un même repas et réaliser les bons mariages alimentaires. En l'occurrence, il s'agit d'associer un féculent ou une viande avec des légumes, mais certainement pas un féculent avec de la viande.

Le but immédiat de ces combinaisons est de faciliter la digestion. L'association viande/féculent ralentit le processus et demande à l'intestin une énergie supplémentaire. De la même façon, il n'est pas conseillé de manger un fruit en fin de repas. Il demande en effet 15 à 20 minutes pour être absorbé. Arrivé le dernier dans l'estomac et l'intestin, il devra ainsi attendre d'être traité et commencera à fermenter et à faire fermenter l'ensemble du bol alimentaire. En revanche, rien n'interdit de manger en dessert une compote ou des fruits cuits, beaucoup plus rapidement absorbables. Seuls deux fruits facilitent la digestion en fin de repas : l'ananas et la papaye, tous deux dotés d'une enzyme qui dilue les graisses.

De manière générale, plus nous mélangeons des aliments complexes, plus nous prenons le risque de ralentir notre transit, d'assimiler au passage les toxines... et de prendre du poids.

La vague verte

La vague vegan, ou végétalienne, que l'on connaît aujourd'hui est incontestablement une réponse aux excès de la malbouffe. Là encore, ce type de pratique qui consiste à manger le moins possible, voire à ne manger aucun produit d'origine animale (pas de lait pour les végétaliens), n'est pas si nouveau. Il existe depuis des millénaires dans le sous-continent indien, où l'hindouisme prône le respect de la vie animale. Encore minoritaire en Occident, il gagne chaque jour des adeptes, confortés par les études qui en prouvent les bénéfices pour la santé. Celle du médecin américain William Castelli[1], basée sur le suivi de 6 115 végétariens et 5 015 omnivores britanniques pendant douze ans, a montré une mortalité précoce, toutes causes confondues, de 20 % plus faible chez les végétariens, dont une mortalité par cancer réduite de 39 %. Elle révèle qu'ils vivent en moyenne dix à douze ans de plus que les carnivores.

Le régime végétarien ne dissocie pas les aliments puisqu'il proscrit toutes les protéines animales et les remplace par une large consommation de fruits, de légumes, de fruits secs, de céréales et de légumineuses. Il s'inscrit dans une vaste prise de conscience écologique et, en ce sens, il offre une proposition d'alimentation moderne. Il demande cependant d'être très attentif aux besoins de son corps afin de ne pas souffrir de carences, même s'il est aujourd'hui assez facile de trouver des nutriments de complément.

Le régime, bonne ou mauvaise idée ?

De multiples régimes ont essaimé ces dernières années. Si certains prônent des déclinaisons de la dissociation alimentaire, d'autres, comme la méthode Dukan, proposent des phases d'alimentation hyperprotéinée et riche en viande pour perdre du poids rapidement. Pour ses détracteurs, cette méthode a l'inconvénient de créer une hyperacidose (une augmentation de l'acidité du sang) qui provoque des réactions en chaîne dans l'organisme. Elles se traduisent notamment par des inflammations, des calculs rénaux et des problèmes ostéo-articulaires.

Dans la liste des aléas provoqués par les régimes, il y a le bien connu « effet yo-yo », le fait que la perte de poids ne dure pas et qu'elle est souvent suivie d'une reprise de kilos plus importante encore. Non seulement cet effet stresse le corps en l'empêchant de se reposer, mais il porte aussi un coup au moral : celui ou celle qui ne cesse de regrossir après chaque régime entre vite dans une spirale d'échec et de découragement.

Interrogeons-nous sur la pertinence de ces techniques. Les régimes sont-ils toujours une réponse à une nécessité physiologique ? Ne sont-ils pas plus souvent l'effet d'injonctions esthétiques et sociales ? Peut-on risquer sa santé pour cultiver son apparence ? Être en forme, n'est-ce qu'une affaire de kilos ?

Il est évidemment difficile de répondre par oui ou par non à toutes ces questions. Le rapport que chacun d'entre nous entretient avec son corps reste intime et singulier. Aucune généralisation ne saurait le résumer.

En revanche, en tant que naturopathe souvent confronté aux demandes de régime, je peux égrener quelques conseils.

Remplacez l'envie de « perdre du poids » par celle de « gagner votre silhouette idéale ». D'un point de vue psychologique, il est toujours plus stimulant de chercher à regagner ce que nous avons perdu. La démarche devient positive et constructive.

Adoptez un programme complet incluant une rééducation à l'activité physique, des méthodes de visualisation de type sophrologie et un mode alimentaire quotidien sain. Préférez pour cela des cures courtes de détox, une monodiète ou un jeûne, qui auront un effet booster.

Soyez patient, privilégiez un résultat un peu plus lent et progressif, mais durablement stable, à un effet rapide avec risque d'une reprise de poids et de troubles de santé.

Oui aux écarts !

La nutrition et la diététique présentent des avantages, mais aussi des inconvénients qu'il est important de signaler.

Un programme nutritionniste parfaitement respecté a des effets pervers sur l'organisme. En habituant le corps à une saine alimentation quotidienne, il le rend très réactif au moindre écart (voir encadré ci-dessous). Si vous ne mangez régulièrement que des fruits frais, des légumes ou des céréales complètes, du poisson ou des viandes maigres, votre intestin risque de souffrir à l'arrivée subite d'une mousse au chocolat et à l'afflux de gras.

Or, les écarts font partie du fonctionnement normal de l'être humain. Ils répondent à des besoins, notamment celui de relâcher le stress et de combler des manques affectifs. Ils permettent aussi à l'intestin de garder de bonnes facultés d'adaptation aux aliments trop lourds ou aux changements de régime. Ils l'entraînent et renforcent ainsi les défenses de notre organisme. Une nutrition intelligente est donc celle qui accepte les écarts ponctuels, celle qui comprend que se laisser parfois tenter par un dessert gourmand peut être bon pour le moral comme pour le corps.

De son côté, la diététique est souvent choisie pour réparer les dégâts commis par les écarts trop fréquents, aux premiers rangs desquels se trouve la prise de poids. Mais elle ne s'exerce que sur de courtes périodes, et, à l'instar de nombreux régimes, si elle n'est pas suivie d'un changement sérieux d'habitudes de vie, elle n'offre qu'un bénéfice ponctuel. Une diététique intelligente consiste à s'alléger en priorité des produits qui fatiguent l'organisme et le polluent : le lait, les céréales, les alcools, les produits raffinés et les molécules synthétiques en général.

Je ne préconise pas de rejeter la nutrition et la diététique pour leurs défauts, ni d'opposer l'une à l'autre. Au contraire : je suggère de combiner leurs versions les plus intelligentes. Je suis adepte d'un programme nutritionnel qui répond au ratio 80/20. Nous pouvons manger sainement 80 % du temps et les 20 % restants nous autoriser des assiettes plus riches en graisses et en sucre. Et un jour par semaine ou par mois, nous pouvons mettre notre organisme au repos avec une diète ou un jeûne. Mais attention à ne pas tomber dans l'effet inverse en multipliant les écarts. La mousse au chocolat, les pizzas ou les viandes en sauce ne doivent pas devenir la règle !

Manger trop sainement, le piège !

Durant mes études de naturopathie, j'ai testé la dissociation alimentaire pendant un mois. Résultat : avec 3 kg en moins, je me sentais léger et en pleine forme.
Au bout de ces quatre semaines, j'ai été invité à déjeuner chez ma grand-mère. Très heureuse de m'avoir à sa table, elle m'avait préparé un des plats préférés de mon enfance, une daube. Délicieuse. Pourtant, peu après la fin du repas, j'ai eu l'impression de recevoir un coup de couteau au ventre. Se sont ensuivies de longues heures de douleur… Que s'est-il passé ?
Rien d'autre que le contre-effet d'une diète trop longue. Le corps avait momentanément perdu de sa capacité à s'adapter. L'intestin subitement sollicité par cette daube à digérer avait dû fournir un effort trop important, donc douloureux. Cette mésaventure m'a rappelé cette loi : les écarts sont un pilier d'une bonne nutrition. Ils permettent la gymnastique des organes et maintiennent le corps dans un état de réaction vigilante.

Fiches pratiques

1. Prenez de bonnes habitudes

- Commencez votre journée par un verre d'eau tiède légèrement citronnée, pour réveiller en douceur vos fonctions digestives.
- Préférez une alimentation crue, antioxydante, riche en oligo-éléments, en minéraux, en vitamines et en enzymes, que l'on trouve essentiellement dans les fruits et les légumes crus, biologiques et de saison. Et privilégiez les aliments alcalinisants, tels que les patates douces, les bananes, les oléagineux, les légumes verts…
- Évitez le blé et les produits à base de blé.
- Consommez au maximum quatre protéines animales par semaine (viande blanche, poisson, œuf, produits laitiers). Vous pouvez aussi vous en passer sans danger en optant pour les protéines végétales d'une alimentation végétarienne.
- Ne consommez qu'occasionnellement les laitages de vache.
- Mangez les fruits de préférence en dehors des repas.
- Buvez au minimum 1,5 litre d'eau faiblement minéralisée, de préférence 30 minutes avant les repas ou 2 heures après, par jour.
- Pensez à bien mastiquer.
- En prévision d'éventuels repas festifs et arrosés, prenez 1 cuillerée à soupe d'élixir du Suédois avant et après le repas. Après tout excès, pensez à vous autoréguler en faisant un seul repas le jour suivant ou 24 heures de monodiète (à la pomme ou au riz).

2. Le bien-être dans l'assiette, c'est…

- Des fruits et des légumes de saison de qualité biologique.
- Des féculents, des céréales complètes ou semi-complètes : petit épeautre, orge, millet, riz, sarrasin, tapioca, pomme de terre, patate douce.
- Des graines oléagineuses de sésame, de tournesol, de lin, des amandes, des noix, des noisettes, des graines de courge…
- Des huiles de noix, de colza, de lin, de chanvre ou de cameline, vierges, de première pression à froid, bio, en assaisonnement (ne pas les chauffer). Pour les cuissons : huiles d'olive ou de coco.
- Des légumes et des jus lactofermentés.
- Des graines germées.
- Des jus de légumes frais (mélange carotte, céleri, pomme, betterave par exemple).
- Du citron, sans excès.
- Des épices et des herbes aromatiques : gingembre, eau de fleur d'oranger, coriandre, basilic, cumin, fenouil, anis, cardamome, curcuma, romarin, ail, cannelle, poivre, sel non raffiné…
- Du miel bio, du sirop d'agave, mais sans excès.
- Du miso.
- En quantité modérée, du fromage et des yaourts de chèvre ou de brebis.
- Facultatif : de la volaille, du bœuf ou de l'agneau de très bonne qualité, des œufs mollets, à la coque, durs ou pochés.

3. Du petit déjeuner au dîner…

➡ Au réveil : le petit déjeuner de roi

Commencez la journée par boire un grand verre d'eau, tiède de préférence. Ajoutez éventuellement quelques gouttes de jus de citron frais et du gingembre râpé, frais lui aussi, qui nettoieront le système digestif du travail opéré pendant votre sommeil. La plupart de nos cellules se régénèrent la nuit, ce qui crée des déchets métaboliques qu'il convient d'éliminer au réveil.

Préparez-vous du thé vert, du rooibos (thé rouge, sans théine) ou du Yannoh® (un succédané de céréales pour remplacer le café). Accompagnez-le d'un verre de jus frais de légumes et de fruits de saison, idéalement préparé avec un extracteur.

Ensuite, mangez par exemple…

- Du pain semi-complet au levain, de qualité biologique, avec purée de sésame complète ou semi-complète, purée d'amandes blanches, purée de noisettes.
- Du porridge de riz préparé avec des flocons, du lait végétal et quelques fruits secs et oléagineux réhydratés, de l'anis étoilé, de la cannelle… Ajoutez éventuellement du sirop d'agave ou du miel.
- Du pain au levain ou sans gluten (ou du pain des fleurs), tartiné de miso, et du fromage de brebis. Ou de l'avocat, des tomates et des crudités avec une bonne huile de première pression à froid. Le petit déjeuner salé limite la sécrétion trop importante d'insuline.
- En été, optez pour la crème Budwig (à base de fromage blanc maigre) ou pour du yaourt de soja battu avec de l'huile de noix, de germe de blé ou de lin, mélangés au jus d'un demi-citron, à une banane mûre écrasée, à des céréales bio crues (avoine, riz soufflé, sarrasin) et à des graines oléagineuses crues fraîchement moulues (lin, tournesol, sésame, noix, noisette, amande, pignon…). Ajoutez éventuellement des fruits secs (raisins, abricots, dattes, figues) et du miel. Saupoudrez de pollen frais.
- Vous pouvez varier ce type de préparation avec des yaourts de chèvre ou de brebis, et avec de la crème d'avoine ou de riz.

Vous n'avez pas faim le matin ? Pas d'inquiétude. Les recherches en chrononutrition — méthode qui consiste à se nourrir en fonction de son rythme biologique — ont constaté que le corps peut encore être en train d'assimiler le dîner de la veille jusqu'à 11 heures du matin ! Par ailleurs, c'est entre 11 et 13 heures que le pancréas sécrète la plus grosse part de son insuline. S'il n'est pas sollicité avant ce moment, il libère moins d'insuline, ce qui signifie moins d'hypoglycémie, moins de sensation de faim et moins de prédisposition à l'inflammation. Si vous n'avez pas d'appétit pour un petit déjeuner, laissez donc votre organisme travailler tranquillement.

➡ L'avant-repas

Croquez une pomme une demi-heure avant votre repas. Cela lancera progressivement votre système digestif et vous aurez réellement faim en passant à table.

➡ Le déjeuner de prince

En entrée : des crudités, des graines germées et un assaisonnement à l'huile vierge bio, de première pression à froid.

En plat : des légumes de saison avec des légumineuses (pois chiches, lentilles...) et/ou une céréale. La combinaison céréale + légumineuse forme un plat protéiné complet. Pour celles et ceux qui le souhaitent, une protéine animale de type volaille.

Veillez à ne pas associer les protéines fortes avec les amidons forts (viande + pâtes ou poisson + riz). Mieux vaut associer une protéine concentrée avec un amidon léger (viande + potimarron ou patate douce) ou une protéine légère avec un amidon concentré (un œuf + riz).

Pour ceux qui mangent des protéines animales, évitez les viandes rouges et préférez les viandes maigres ou les poissons, de préférence crus, pour leur richesse en oméga 3. Sur le long terme, pensez à réduire votre consommation de protéines animales et, progressivement, à tendre vers une alimentation à tendance végétarienne.

➡ Le dîner de pauvre

Une crudité ou un bouillon de pianto, un complément composé de légumes fermolactés, extrêmement riches en magnésium et en antioxydants.

Et un plat composé de légumes associés à une céréale.

Protéines et lait : vrais besoins et fausses croyances

Est-ce parce qu'elles sont traditionnellement associées au monde animal ? Est-ce parce qu'elles sont soupçonnées de nous faire grossir ? Est-ce parce que certains régimes recommandent ou bannissent la viande rouge ? Quelle qu'en soit la cause, les protéines font l'objet de bien des suspicions. Tout comme le lait, loin d'être unanimement considéré comme une nécessité à l'alimentation des adultes. Pour clarifier ces incertitudes, voici quelques questions-réponses essentielles.

Nos besoins en protéines varient selon le sexe et l'âge. Vrai ou faux ?

Vrai. Les femmes en ont un besoin inférieur à celui des hommes, car leur masse musculaire (où se concentre la majorité des protéines) est moins importante.

Ils varient aussi selon certaines périodes de la vie. Les enfants en croissance et les femmes enceintes ou en train d'allaiter ont des besoins en protéines accrus, car ils fabriquent intensément de nouvelles cellules.

Il faut beaucoup de protéines pour la croissance. Vrai ou faux ?

Vrai et faux. Les protéines sont des éléments essentiels à la fabrication de nouveaux tissus. Depuis quelques décennies, l'apport en protéines des enfants et des ados s'est considérablement accru, ce qui est corroboré par l'augmentation de leur taille. Mais les experts mettent en garde : les jeunes enfants gros consommateurs de protéines seraient les plus exposés au surpoids, car des excès avant l'âge de 3 ans stimuleraient la prolifération des cellules graisseuses.

En prévention, les pédiatres conseillent de ne pas commencer la diversification alimentaire avant 5 ou 6 mois. Ils recommandent de privilégier l'allaitement maternel, puis les laits adaptés : premier âge, deuxième âge et croissance. Avant 3 ans, 10 à 20 g de viande ou de poisson par jour suffisent.

On a moins besoin de protéines en vieillissant. Vrai ou faux ?

Faux. Alors qu'un adulte dans la force de l'âge a besoin quotidiennement d'un minimum de 0,83 g de protéines par kilo de poids, un apport de 1 g est conseillé aux seniors pour ralentir la fonte des muscles. En effet, entre 50 et 80 ans, un individu sans activité physique peut perdre jusqu'à 30 à 40 % de ses muscles[1].

Un bon apport de protéines après 50 ans participe aussi à la prévention de l'ostéoporose (la déminéralisation osseuse). Les seniors qui n'ont plus envie de viande rouge peuvent compenser avec de la volaille, du poisson, des œufs et des produits laitiers.

Les protéines animales sont les meilleures. Vrai ou faux ?

Faux. Les protéines des œufs, de la viande, du poisson et des produits laitiers ne sont pas mieux équilibrées en acides aminés indispensables que les protéines des légumes, un fait constaté par T. Colin Campbell, professeur américain de biochimie nutritionnelle et auteur en 2005 du rapport Campbell[2].

Par ailleurs, l'Agence française de sécurité sanitaire des aliments (AFSSA) estime qu'un régime végétarien n'excluant pas les œufs et les produits laitiers permet d'assurer un apport en protéines en quantité et qualité satisfaisantes.

Il n'est donc pas nécessaire de manger de la viande ou du poisson midi et soir, d'autant que les viandes issues de l'industrie font polémique à cause des conditions d'élevage des animaux, vecteurs potentiels d'autres troubles.

Le lait est indispensable à la solidité des os. Vrai ou faux ?

Faux. Aucune étude indépendante n'a jamais prouvé que le lait et ses dérivés sont synonymes de calcium et d'os solides. Les pays où l'on consomme le plus de lait sont les mêmes qui connaissent le plus grand nombre de fractures et le plus grand taux d'ostéoporose. Le lait est en effet un produit acidifiant qui oblige le corps à puiser dans ses bases de citrate et de bicarbonates pour limiter les effets de l'acidité. Or ces bases se situent notamment dans les os. Trop sollicités, ces derniers se déminéralisent...

Le manque de lait engendre un déficit de calcium. Vrai ou faux ?

Faux. Comment fait la vache pour avoir autant de calcium dans son lait alors qu'elle n'en boit pas ni ne mange de fromage ? Elle se nourrit d'herbe et ne souffre pas d'ostéoporose. Il en est de même pour un être humain. Une alimentation équilibrée fournit largement assez de calcium.

Le lait peut avoir des conséquences néfastes pour notre santé. Vrai ou faux ?

Vrai. Le lait, tout comme le blé, accroît la perméabilité intestinale. En ne jouant plus correctement leur rôle de barrière, les intestins laissent passer des molécules étrangères dans l'organisme. Cette intrusion déclenche des réactions immunitaires exagérées qui favorisent des pathologies comme la tendinite, la polyarthrite, l'asthme ou l'eczéma.

De plus, le lait possède un indice glycémique élevé (c'est un sucre « rapide »), qui stimule fortement la sécrétion d'insuline. Une consommation répétée favorise donc une résistance à l'insuline, notamment chez l'enfant, augmentant ainsi les risques de diabète.

Le lait fait partie de notre alimentation traditionnelle. Vrai ou faux ?

Faux et vrai. L'homme a très longtemps vécu (de – 7 millions d'années à – 10 000 ans) sans lait ! Ces nombreuses années sont encore inscrites dans notre patrimoine génétique et expliquent que les trois quarts de la population mondiale ne le supportent pas une fois passée la période de l'allaitement infantile. En effet, nous ne sommes pas dotés de lactase, l'enzyme qui sert à assimiler le lactose. En dépit de cette intolérance naturelle, l'homme reste pourtant le seul animal qui persiste à boire du lait à l'âge adulte, et également à utiliser celui d'un autre animal.

Gare à l'acidose !

Nous venons de voir que le lait crée de l'acidité dans l'organisme, ce qui l'entraîne à réagir. D'autres aliments augmentent notre acidité intérieure et engendrent l'« acidose ». Cette mauvaise métabolisation des acides est encore mal connue par la médecine. Elle apparaît néanmoins comme la source de nombreux troubles : sensibilité des gencives et des dents, peau sèche et eczéma sec, ongles fragiles, perte de cheveux, brûlures rectales ou urinaires, crampes, articulations douloureuses, réceptivité aux infections, manque chronique d'énergie, tendance dépressive… Bref, mieux vaut savoir vous préserver de l'acidose.

Il ne s'agit pas pour autant de se priver des acides, mais de les équilibrer avec les corps alcalins aux effets adoucissants. Cet équilibre est indiqué par le pH et peut se mesurer dans les urines (avec un testeur achetable chez un diététicien). Un pH optimal se situe entre 7 et 7,5. Lorsque le pH est inférieur à ces chiffres d'une façon plus ou moins chronique, on parle de terrain acide.

Pour ne pas vous éloigner de la bonne moyenne, surveillez votre assiette et variez votre nourriture dans un même repas en distinguant aliments acidifiants et aliments acides. Les premiers sont producteurs d'acides dans tous les organismes. Les seconds agissent différemment selon les individus : ils peuvent avoir un effet alcalinisant sur un organisme en bonne santé ou, au contraire, acidifiant sur un organisme qui métabolise mal. Vous pouvez vous en rendre compte en mesurant le taux de pH dans vos urines. Enfin, les éléments alcalinisants (dits « basiques ») ont quant à eux des vertus adoucissantes pour tous les organismes (voir pages 119-120).

Vous pouvez aussi chercher l'équilibre du pH en augmentant votre apport de vitamines et d'oligoéléments, car ils jouent un rôle important dans la neutralisation des acides. Ceux-ci sont en effet bien ou mal métabolisés grâce à l'action des enzymes. Or, pour être activées, les enzymes ont besoin de vitamines et d'oligoéléments, comme le zinc (contenu dans les légumineuses, les céréales complètes, les fruits de mer) ou le silicium (présent dans les céréales complètes, les légumineuses, l'oignon, l'ail, l'échalote, les pruneaux, les épinards…).

L'acidose peut encore être limitée en assurant une bonne élimination des toxines acides par les reins et la peau. Buvez pour uriner, activez-vous pour suer, et prenez éventuellement des tisanes de plantes aux effets drainants.

Enfin, respectez une bonne hygiène de vie. Une activité physique régulière augmente le rythme et l'amplitude respiratoires, ce qui fournit à l'organisme suffisamment d'oxygène pour brûler les substances acides. Par ailleurs, évitez les situations de stress et de manque de sommeil, car la fatigue qui en découle provoque une diminution de la circulation et une accumulation des déchets — dont certains sont acides — dans l'organisme.

ASTUCE

À chaque repas, associez deux parts de produits alcalinisants pour une part au maximum de produits acidifiants.

Les aliments acidifiants

- Les sources de protéines animales : les viandes rouges et blanches, volaille, charcuterie, extraits de viande et poissons ; les œufs ; le fromage (les fromages forts sont plus acides que les doux) ; les produits laitiers affinés.
- Les corps gras animaux.
- Les huiles végétales raffinées, surtout l'arachide.
- Les excitants : café, thé, cacao, vin.
- Le sucre raffiné et blanc.
- Les sucreries : sirop, pâtisserie, chocolat, bonbon, confiture, fruit confit, etc.
- Les produits céréaliers raffinés : pain blanc, pâtes blanches, flocons et aliments à base de céréales.

Les aliments acides

- Le petit-lait vieux de quelques heures (donc le yaourt, le lait caillé, le kéfir, le fromage blanc peu égoutté, etc.).
- Les fruits jeunes (moins le fruit est mûr, plus il est acide).
- Les fruits acides : groseille, cassis, framboise.
- Les agrumes : citron, pamplemousse, orange.
- Les pommes acides, cerises acides, prunes, abricots.
- Les excès de fruits doux.
- Les légumes acides : tomate, rhubarbe, oseille, cresson.
- La choucroute.
- Les jus de fruits, le jus de citron.
- Les boissons industrielles sucrées : limonades et boissons à base de cola.

Les aliments alcalinisants, dits « basiques »

- La plupart des légumes : amidonnés (pomme de terre, potimarron, patate douce, etc.) ; verts, crus ou cuits (salade, laitue, haricot vert, chou, etc.) ; colorés (carotte, betterave...).
- La plupart des fruits mûrs de saison, la banane et la châtaigne.
- La plupart des noix, l'olive et l'avocat.
- Les huiles de première pression à froid.
- Les fromages frais, petit-lait, lait caillé et faisselles.
- Les oléagineux comme l'amande, la noix du Brésil.
- Les fruits secs.
- L'eau minérale alcaline.
- La boisson à la purée d'amandes.

Les 10 super-aliments alcalins

1. **L'avocat :** très alcalin, il comprend 20 nutriments essentiels et assure un bon apport de graisses végétales.
2. **Les courges, potimarrons, citrouilles :** riches en oméga 3 et 6, en vitamines B, C et caroténoïdes.
3. **La patate douce :** avec un indice glycémique plus bas que la pomme de terre, c'est un excellent antiacide.
4. **L'amande :** très riche en calcium, en protéines et en zinc.
5. **Le brocoli :** riche en vitamine C, en calcium et en fibres. Il présente des vertus anticancer remarquables.
6. **La carotte :** riche en bêta-carotène, en calcium, en magnésium et en potassium.
7. **La noix de coco :** excellente source de fer, de manganèse, de cuivre, de phosphore. Elle est aussi riche en fibres et a la particularité d'abaisser l'indice glycémique des aliments qu'elle accompagne.
8. **La banane :** fruit alcalin par excellence ! Riche en manganèse, en potassium et en magnésium, et aussi en vitamines B9, B6 et C.
9. **Le céleri-branche :** riche en calcium et en niacine, un excellent aliment alcalinisant.
10. **La betterave :** riche en vitamines B9 et C, en calcium et en potassium.

J'ai envie de bouger

Nous le savons tous, même si nous préférons fermer les yeux, notamment quand la flemme nous gagne : la pratique régulière d'une activité physique est nécessaire. Elle a des effets très positifs pour la qualité de la vie en général et pour la prévention de nombreux maux physiologiques en particulier : les maladies cardio-vasculaires, le diabète, l'ostéoporose et les atteintes du système ostéo-articulaire, ainsi que certains cancers. L'exercice diminue aussi l'anxiété et l'instabilité émotionnelle, il régule l'humeur et améliore la résistance au stress. Enfin, les programmes de réhabilitation physique aident les personnes âgées à rompre le cercle vicieux qui les maintient entre sédentarité et aggravation du handicap. Leur liberté s'en trouve accrue et l'inconfort de la dépendance diminue.

Ce sont autant de raisons qui doivent nous inciter à nous oxygéner, à faire du sport ou, au minimum, à marcher régulièrement. Si les premiers efforts peuvent sembler difficiles, il faut vous rappeler que le plaisir de l'exercice vient avec l'habitude. Or l'habitude peut se prendre très vite !

Examinons maintenant en détail tous les bienfaits que peut nous procurer l'activité physique...

Pour la qualité de la vie

La contribution de l'exercice physique à l'amélioration de la santé ne se résume pas seulement aux maladies qu'il permet de prévenir ou de guérir. L'activité physique a un impact beaucoup plus large, qui améliore toute la qualité de la vie.

Les personnes physiquement actives prennent leur santé en main. Elles se détendent, se reposent et se distraient plus. Elles gèrent mieux leur stress et sont ainsi mieux préparées à affronter les tensions lorsqu'elles se présentent ou s'accumulent. Les gens actifs n'ont pas les mêmes habitudes de vie que les gens inactifs. Ils se préoccupent généralement plus de leur santé, de leur alimentation et de leur environnement, et évitent certains comportements néfastes à leur organisme. Le fait de pratiquer une activité physique régulièrement procure du plaisir, génère une plus grande sérénité, un plus grand sentiment de liberté, une meilleure écoute des signaux d'alarme que notre corps et notre esprit peuvent émettre, et aide à lutter contre l'isolement et la solitude.

Contre les maladies cardio-vasculaires

Parce qu'elle est confrontée à un nombre grandissant de victimes de troubles cardiaques, la médecine s'attache autant à la prévention qu'à la guérison des maladies cardio-vasculaires.

Elle liste ainsi une série de facteurs exogènes (les habitudes de vie et d'alimentation) et endogènes (une pression sanguine élevée, un fort taux de cholestérol, l'obésité...) à l'origine de ces affections. Parmi ces causes, la sédentarité tient une place importante : les risques d'infarctus sont deux fois plus nombreux chez les sujets non entraînés à l'exercice physique que chez les autres, et ils augmentent dès l'âge de 40 ans. Les pratiquants d'un sport, eux, n'ont pas vraiment à s'inquiéter avant d'avoir passé la soixantaine.

Les recherches médicales de ces deux dernières décennies ont aussi prouvé que l'exercice physique régulier après un accident cardiaque et chez des malades présentant une insuffisance chronique leur permettait souvent de retrouver une vie normale.

Le lien entre l'activité et la santé cardiaque est simple à établir : le cœur est un muscle qui doit travailler. Lors d'un exercice, il se contracte plus puissamment, ses cavités se remplissent mieux et éjectent avec plus de pression le sang dans l'organisme. L'activité physique dilate aussi les artères, régule la glycémie et diminue le taux de cholestérol. En évitant les obstructions dues aux excès de graisses et de sucre, elle favorise la circulation sanguine, notamment dans les coronaires qui nourrissent le cœur. Enfin, chez les fumeurs, l'exercice freine aussi les envies de tabac, particulièrement dangereux pour les malades coronariens...

Contre l'obésité

L'obésité est un facteur de risque important d'affections cardio-vasculaires, les kilos en trop fatiguent en effet tout le corps. Elle résulte très souvent de mauvaises habitudes alimentaires associées à un mode de vie trop sédentaire. Ces deux causes conjuguées entraînent un déséquilibre entre l'apport énergétique de l'alimentation et les dépenses énergétiques de l'organisme. Le corps reçoit plus qu'il ne dépense, et il stocke le surplus sous forme de graisse.

L'activité physique peut remédier à ces kilos en trop par un mécanisme subtil. L'exercice intense (une course à pied ou une longue marche, par exemple) ne provoque pas une consommation de calories suffisante pour faire fondre la graisse, mais il élève le métabolisme général. Cette hausse déclenche des processus morphologiques et biochimiques qui bloquent la mise en réserve des graisses et les brûlent. Ces processus dégradent notamment les triglycérides et les empêchent de se synthétiser dans l'organisme. Les cellules adipeuses s'en trouvent diminuées... et le corps s'allège.

Contre le diabète

L'activité physique n'a pas d'effet direct sur le diabète de type 1 et doit être pratiquée sous contrôle pour les personnes qui en sont atteintes. Cette forme de la maladie, due à l'absence d'insuline, requiert impérativement un traitement médical.

La situation est toute différente en ce qui concerne le diabète de type 2. Ce diabète gras, non insulinodépendant, est souvent dû à un excès pondéral ou à un manque d'exercice. Dans ce type, qui apparaît surtout après l'adolescence, l'insuline normalement sécrétée est mal utilisée par les récepteurs cellulaires. Grâce à l'exercice d'endurance, qui a la faculté d'améliorer le transport vers les tissus musculaires, le muscle bénéficie d'une meilleure sensibilité à l'insuline, ce qui en amoindrit les besoins.

Contre l'ostéoporose et l'arthrose

L'ostéoporose, affection qui altère les os, touche 40 % des femmes et 10 % des hommes parmi les personnes âgées. Avec le vieillissement de la population du baby-boom, l'incidence des fractures de la hanche liées à l'ostéoporose risque d'augmenter de 70 % au cours des vingt prochaines années. Or il n'existe pas encore de traitement curatif satisfaisant. Aujourd'hui, seuls les soins préventifs s'avèrent fructueux. L'exercice en fait partie. La pratique régulière et continue d'une activité physique fait travailler les os. Ils perdent ainsi moins de tissus et deviennent moins fragiles.

Quant à l'arthrose, c'est l'une des causes principales de handicap, même si la plupart d'entre nous considèrent que les douleurs qu'elle provoque ne sont qu'une conséquence inévitable du vieillissement. Elle affecte les articulations. Le corps humain en possède une centaine reliant les 206 os de notre squelette. Lorsqu'une articulation perd de sa souplesse de mouvement, elle doit davantage compter sur les muscles et les tissus mous qui l'entourent. L'arthrose se déclare quand le cartilage est détruit et que les os frottent l'un sur l'autre.

Il s'ensuit une inflammation, une douleur, une perte de mobilité, ainsi que des handicaps physiques et fonctionnels.

Des exercices physiques appropriés effectués tout au long de la vie sont d'une importance capitale puisqu'ils renforcent les muscles qui entourent les articulations menacées. Ils aident ainsi à préserver la souplesse articulaire.

Contre certains cancers

Dans les années 1980, l'épidémiologiste américain Steven N. Blair a suivi 13 344 personnes sur une période d'un peu plus de huit ans pour étudier la relation entre le niveau de condition physique et le taux de mortalité par cancer. Il en a conclu que les individus les plus enclins à faire de l'exercice ont plus de chances d'échapper à cette maladie[1].

Ces constats sont corroborés par d'autres recherches sur des cancers spécifiques.

Ainsi l'exercice régulier diminuerait le risque de cancer du sein et de l'appareil reproducteur. Une étude menée aux États-Unis à la même époque par la biologiste Rose Frisch[2] montre que les ex-athlètes féminines de niveau collégial ou universitaire (qui s'entraînaient au moins deux fois par semaine sur un an) avaient un taux d'apparition de cancers du sein et du système reproducteur significativement plus bas que les non-athlètes.

Le même lien a été trouvé pour le cancer du côlon. En massant l'appareil digestif, l'exercice physique favorise le transit intestinal et réduit ainsi les risques de 50 %.

Enfin, les cancers dus au tabagisme peuvent être de même diminués grâce au sport. Ces cancers, qui affectent principalement le poumon, la cavité buccale, l'œsophage, le larynx, mais aussi la vessie et les reins (pour lesquels l'incidence est plus élevée chez les fumeurs), provoquent un tiers des décès causés par cancer. Or, la pratique d'exercices réguliers s'accompagne le plus souvent d'une amélioration spontanée de l'hygiène de vie globale, et donc d'une diminution du tabac…

Pour la santé mentale

Anxiété, dépression, comportements suicidaires ne sont pas forcément à classer parmi les maladies mentales, mais rendent certainement compte d'une détresse psychologique. La pratique d'exercices joue un rôle important pour améliorer ces états. Et de manière générale, ne dit-on pas « un esprit sain dans un corps sain » ?

Les sportifs réguliers connaissent tous la sensation de bien-être qui les envahit pendant qu'ils s'exercent et qui se prolonge pendant près d'une heure après. Elle est due à la production d'endorphines. Ce groupe de neurotransmetteurs constitue un puissant antidouleur qui permet de continuer à fournir un effort tout en ressentant du plaisir, voire de l'euphorie. Le sport contribue à stimuler la production de dopamine, à effet immédiat, l'hormone du plaisir et de la vigilance, qui diminue aussi la sensation de fatigue. Grâce à ces effets directs, l'activité physique réduit l'impact du mauvais stress ainsi que les niveaux d'anxiété et de dépression légère. Elle augmente l'estime de soi et rétablit un meilleur équilibre psychologique et émotionnel. Par ailleurs, c'est aussi en pratiquant un sport que vous pouvez vous sentir utile et valorisé, les situations à gérer vous permettant d'apprendre à mieux contrôler vos émotions, et ainsi d'accroître votre confiance.

Faire de l'exercice est une occasion de se défouler de façon physique (en frappant sur un ballon, en courant, etc.) et d'établir une juste balance entre le travail du cerveau et le travail du corps. Vous apprenez à vous fixer des objectifs réalistes sur le plan de la performance (deux longueurs de piscine, par exemple), ou encore à être efficaces face à la tâche à accomplir. Enfin, faire du sport peut aussi être un moyen de développer sa vie sociale.

Pour résister au stress

Environ 60 % de nos contemporains estiment que leur vie est relativement stressante et que l'activité physique pratiquée durant les temps libres est un excellent moyen de soulager les tensions. Ils n'ont pas tort. À coups de stimuli de stress conscients et contrôlés, l'exercice vous fait relâcher les énergies refoulées qui vous maintiennent en permanence en état d'alerte. Un cœur ainsi entraîné est un cœur plus prompt à résister aux imprévus.

Pour le bien-être social

La pratique sportive, surtout quand elle est collective, contribue à améliorer la « santé sociale » en prévenant et en combattant diverses formes de violence contre soi-même (suicide, anorexie, addictions), contre les autres (agressivité, sexisme, racisme) et contre l'environnement matériel (vandalisme).

Les sports collectifs offrent une microsociété dans laquelle vous apprenez à vous adapter le plus rapidement et le plus efficacement possible à une variété d'environnements physiques et humains. Vous devez vous intégrer à l'équipe, et, dans la confrontation, apprendre à résoudre des conflits, challenge physique et émotionnel.

Quel sport choisir ?

- **La marche :** c'est une activité naturelle bien tolérée, même pour les cardiaques. Elle permet une adaptation très progressive du cœur et de la respiration à l'effort. Une demi-heure de marche à l'allure de 7 à 8 km/h en terrain plat, trois fois par semaine, permet d'améliorer les performances de la pompe cardiaque de 12 %.
- **La bicyclette :** quand elle est pratiquée régulièrement à allure modérée. Un départ lent permet une adaptation cardiaque progressive.

- **La natation :** c'est un sport conseillé à tous. Elle favorise le développement de la cage thoracique et de la capacité respiratoire, et développe des muscles qui habituellement travaillent peu.
- **La course à pied :** le sportif amateur doit la pratiquer à son rythme, selon les capacités musculaires de son âge, sans essoufflement ni crampes.
- **La gymnastique :** indispensable pour l'entretien de la musculation et de la respiration chez les non-sportifs. Pratiquez-la en séance de 20 à 30 minutes, sans brusquer ni surmener le cœur, les muscles et les articulations, en série de 10 à 20 mouvements intéressant les différents muscles : cou, thorax, bras, bassin, abdominaux, jambes, etc. Pensez à bien respirer et à contrôler votre souffle.

Attention : en cas de doute sur votre aptitude à pratiquer un sport, demandez l'avis de votre médecin.

Comment faire du bien à mon intestin

Nous avons vu quels étaient les bénéfices de la gestion du stress, de l'alimentation et de l'exercice physique sur notre santé. Intéressons-nous maintenant aux équilibres à respecter dans l'assiette, afin que les propriétés de chaque aliment choisi n'entrent pas en conflit les unes avec les autres, au risque de créer des troubles dans l'organisme.

On doit l'idée de la dissociation alimentaire à l'hygiéniste américain Herbert M. Shelton, qui en a fait une méthode dans les années 1950, reprise au cours des décennies suivantes sous des formes diverses (et parfois contestées) par les promoteurs de certains régimes, comme celui de Michel Montignac.

Shelton, biologiste et philosophe végétarien, a observé deux facteurs digestifs : le temps de digestion de chaque aliment (défini selon sa teneur en protéines, glucides et lipides) et la spécificité des enzymes mises en œuvre pour digérer chacun d'eux. Il a classé ces derniers par familles et a élaboré les combinaisons alimentaires favorables et défavorables à la santé.

Sa règle est la suivante : plus les types différents d'aliments sont dissociés dans un repas, meilleure est la digestion et plus aisée est leur assimilation dans l'organisme. Et plus ces différents types sont mélangés, plus lourde est la digestion, et plus difficile est l'assimilation. Autrement dit, ce sont les bonnes dissociations qui nous allègent en chargeant moins notre corps de nutriments à stocker.

Ainsi, protéines, glucides et lipides ne font pas toujours bon ménage dans notre ventre. On les trouve pourtant dans de nombreux produits de consommation courante et de multiples recettes nous invitent à les mélanger sous toutes les formes. Examinons-les au cas par cas.

➡ Les protéines

Elles peuvent être, par ordre de préférence :

- végétales (soja, algues et champignons, ainsi que les oléagineux comme les amandes, les noix et les noisettes) ;
- sous-animales (œufs, fromages, lait, fromage blanc, yaourt) ;
- d'origine animale (viande, poissons, volailles).

➡ Les glucides

Ce sont des hydrates de carbone qui comportent des amidons et des sucres. Ils se divisent en plusieurs sous-familles.

- Les amidons ou farineux : céréales (riz, maïs, sarrasin, épeautre, quinoa, millet, orge, blé, seigle, et leurs préparations en flocons, farines, semoules…), pomme de terre, patate douce, châtaigne, topinambour, potiron, légumineuse (fève, haricot, pois sec, lentille…).
- Les amidons légers (artichaut, betterave, carotte, chou-fleur, navet, rutabaga, salsifis).
- Les sucres : de canne, de betterave ou d'érable, blanc, roux ou brun, miel de toutes fleurs, sirops et confitures…
- Les fruits doux : banane, datte, figue, kaki, poire, pruneau, raisin.
- Les fruits acides : ananas, citron, grenade, orange, pamplemousse, pêche acide, pomme acide, prune acide, raisin acide, tomate.
- Les fruits mi-acides : abricot, cerise douce, figue fraîche, mangue, papaye, pêche douce, pomme douce, poire, prune douce…
- Les légumes non farineux, verts ou colorés : asperge, brocoli, céleri, chicorée, chou commun, choux de Bruxelles, chou chinois, chou-fleur, concombre, courgette, cresson, endive,

épinard, haricot vert, laitue, oignon, oseille, persil, pissenlit, poireau, poivron doux, pousse de bambou, radis, rhubarbe, scarole…

Les lipides

Ce sont les graisses que l'on trouve notamment dans l'avocat, le beurre et ses succédanés, la crème, les huiles et les oléagineux.

En lisant cette liste d'aliments, vous constatez qu'il y a là à peu près tout ce que nos étals proposent. Vous constatez aussi sans doute que vous les avez tous avalés un jour ou l'autre dans un même repas, sans prêter attention à leurs catégories. Et vous vous souvenez peut-être d'en avoir souffert… Désormais, vous pouvez apprendre à les dissocier.

Les combinaisons alimentaires à éviter

Le fruit en fin de repas

Certes, il fait traditionnellement office de dessert sucré et beaucoup le considèrent comme moins lourd qu'une part de gâteau pour finir un dîner. Pourtant, il est dangereux pour nos intestins. En effet, il passe vite par l'estomac et se retrouve tout aussi vite piégé dans l'intestin. Arrivant après le reste de la nourriture avalée, il devra attendre longtemps avant d'être traité, ce qui lui laisse le temps d'acidifier et de faire fermenter tout le bol alimentaire. Mieux vaut donc manger un fruit une demi-heure avant le repas ou au moins trois heures après. Préférez les pauses de 11 heures ou de 17 heures pour vous en offrir un.

Les acides et les farineux

Des tomates crues dans une salade de riz ou en sauce pour accompagner des pâtes : qui n'en a jamais consommé ? Pourtant de tels plats sont à éviter si vous voulez bien digérer, car l'acidité de la tomate inhibe l'enzyme salivaire qui permet de commencer la digestion des farineux comme le riz ou le blé…

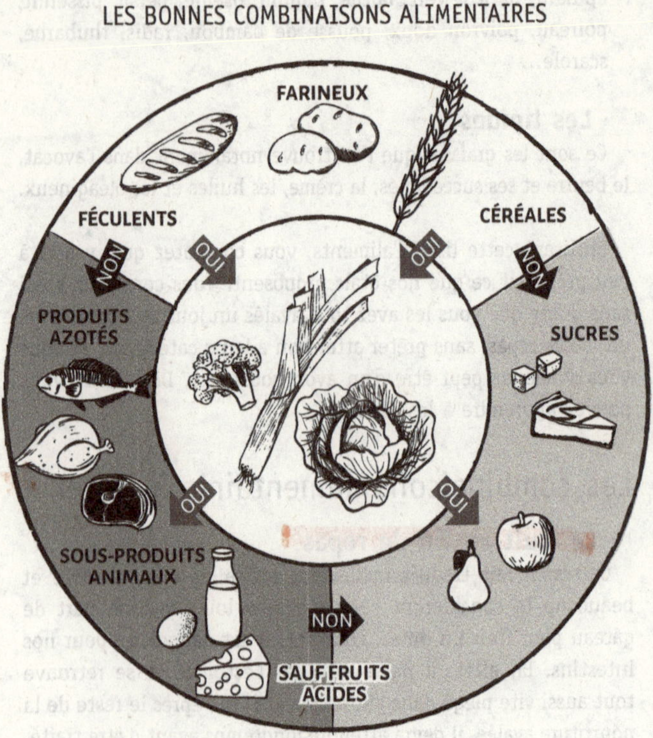

➡ Les protéines et les amidons

Évitez de les mélanger sans discernement, car, en milieu acide, la digestion de la protéine bloque celle de l'amidon. Cependant, tout dépend de la concentration en protéines et en amidons des aliments choisis. Viande, poisson, légumineuses, comme les lentilles et les fèves, ou œufs en quantité sont chargés en protéines. Il ne faut donc pas les accompagner de pâtes, de riz ou d'autres céréales, complètes ou non, à forte teneur en amidon.

En revanche l'adjonction de protéines légères à de l'amidon concentré (œuf et riz, ou champignon et pâtes) est acceptable. Tout comme peut l'être l'équation inverse, protéines concentrées et amidon léger (poisson, viande ou volaille et une pomme de terre ou une demi-portion de légumes verts).

Pour être plus précis, vous trouvez des protéines légères dans les algues, les champignons, les pousses de soja, les amandes, les noix, l'œuf ou dans une petite quantité de fromage. Le potimarron, quelques châtaignes, un œuf, une ou deux pommes de terre ou patates douces, deux biscottes ne contiennent quant à eux qu'une dose légère d'amidon.

Les bonnes combinaisons

Ce sont celles qui optimisent le travail de notre intestin et qui évitent donc une surcharge de l'organisme. Elles associent glucides avec amidons légers, protéines concentrées ou légères et lipides. Un exemple : des légumes cuits ou crus accompagnés de volaille ou de poisson et d'un peu de beurre ou d'huile. Soit un repas à la fois appétissant, nourrissant et digeste...

Pour une assimilation optimale des protéines végétales, attention cependant à respecter l'équilibre suivant dans votre assiette : quatre cinquièmes d'amidons et un cinquième de légumineuses.

Les super-aliments à privilégier

La connaissance des bonnes combinaisons alimentaires vous aidera à manger mieux. Mais pour optimiser la préservation de votre intestin, il faut y ajouter celle des aliments capables de déclencher à eux seuls un processus de revitalisation organique. Certains, très courants, sont disponibles dans les rayons de vos magasins habituels. D'autres, moins connus du grand public, sont vendus dans les magasins spécialisés, biologiques ou diététiques. Ils se présentent souvent sous la forme d'extraits de végétaux concentrés, à prendre en gélules, en tisane ou en jus, etc.

Arrêtons-nous d'abord sur quelques aliments que nous connaissons tous, mais dont nous ignorons bien souvent les excellentes propriétés biologiques pour nos intestins.

➡ La choucroute

Elle est décrite comme un super-aliment parce que son ingestion mobilise des bactéries bénéfiques pour l'intestin, qui savent résister aux possibles attaques de micro-organismes agressifs. Cette capacité est due à la « lactofermentation », c'est-à-dire à la transformation du sucre contenu dans le chou en acide lactique. Ce mécanisme place la choucroute au rang des probiotiques, ces bactéries ou levures qui facilitent la digestion des fibres. Préparer de la choucroute à la maison est très simple : il suffit de couper le chou en morceaux, de le laver et de le laisser reposer environ trois semaines dans un récipient fermé, après l'avoir salé.

➡ Le miel

De par sa teneur en fructo-oligosaccharides, le miel peut être considéré comme un aliment prébiotique. En stimulant la croissance de bactéries intestinales capables de combattre certaines substances toxiques, le miel lutte contre la constipation. Attention, son pouvoir calorique étant proche de celui du sucre, modérez votre consommation si vous souhaitez garder la ligne.

➡ Le miso

Aliment traditionnel au Japon, le miso est une pâte issue de la fermentation de graines de soja avec du riz ou de l'orge. C'est un champion ! Il en existe différents types : du plus doux, de couleur beige clair, à une version plus dense, au ton marron ou rougeâtre. Il est habituellement ajouté à la soupe. Le miso contient tous les acides aminés essentiels et il est très riche en vitamines du groupe B et en enzymes, ce qui améliore la digestion. Ses propriétés en font un aliment à part entière, mais, en raison de son goût fort et salé, il est plutôt utilisé en condiment.

Sous forme de bouillon cube, vous pouvez l'ajouter dans une soupe (seule réserve : une fois incorporé à la préparation, il ne doit pas être à nouveau bouilli). Sous forme liquide, vous pouvez en prendre un verre avant ou pendant le repas.

➡ L'artichaut

L'artichaut est une magnifique source d'inuline, un prébiotique naturel. Ce sucre n'est pas digéré par l'intestin grêle, mais fermenté par la flore bactérienne du côlon. Les bactéries bénéfiques l'utilisent pour se développer et décupler leurs effets. Le poireau, l'ail, l'oignon et les asperges sont aussi des aliments riches en inuline qui peuvent être considérés comme des prébiotiques.

➡ Le kéfir

Avec 5 litres par an et par habitant, les Russes consomment couramment cette boisson lactée originaire du Caucase. Issue de la fermentation du lait, elle apporte des bactéries et des levures favorables au microbiote intestinal, ainsi que des vitamines, des minéraux et des protéines. Le kéfir favorise ainsi le transit intestinal et réduit les flatulences. Ce breuvage agit comme un probiotique.

➡ La chicorée

L'intestin grêle ne la digère pas. Elle arrive donc intacte dans le côlon. L'inuline qu'elle contient peut alors y développer les bonnes bactéries. Vous pouvez griller la racine de chicorée, la râper et l'ajouter au café ou l'utiliser pour le remplacer.

➡ Le curcuma

On doit notamment à ce rhizome de la famille du gingembre la couleur jaune du curry. Le curcuma est connu depuis très longtemps pour ses vertus anti-inflammatoires et antioxydantes. La curcumine, son principe actif, améliore le métabolisme du glucose, ce qui permet de maintenir un bon équilibre de nos bactéries intestinales. Vous pouvez en mettre régulièrement dans vos repas ou vous supplémenter en extrait liquide.

➡ L'huile de coco

Cette huile a des effets anti-inflammatoires majeurs et aide à la lutte contre les troubles neurodégénératifs. Résistante à la chaleur, elle est surtout employée pour la cuisson des aliments.

➡ L'huile

Tournesol, colza, noix, pépin de raisin, olive, palme... Quelles sont les huiles à prendre ou à éviter pour accompagner vos plats ?

Pour les choisir, la première règle est de connaître leur taux d'oméga 3 et d'oméga 6. Ces acides gras sont importants pour le bon fonctionnement des systèmes nerveux, cardio-vasculaire, immunitaire ainsi que pour la prévention des réactions allergiques et inflammatoires. Cependant, consommés en excès, les oméga 6 peuvent contrecarrer ces effets bénéfiques, en particulier pour le système cardio-vasculaire.

Pour que les acides gras oméga soient bien utilisés, notre organisme devrait présenter un ratio de un pour trois (un oméga 3 pour trois oméga 6). Or, en raison de notre alimentation industrielle, ce ratio est souvent compris entre 1/15 et 1/30.

Rétablir le bon équilibre demande donc de préférer les huiles à forte teneur en oméga 3, comme celles de lin ou de colza. Vous pouvez les mélanger pour en modifier les goûts. Les huiles de germe de blé, de soja et de noix fournissent aussi un bon apport en oméga 3.

Trop riches en oméga 6, les huiles de tournesol, de pépin de raisin, de maïs et d'arachide sont à éviter. Bannissez surtout l'huile de palme, dont la surproduction est en outre responsable de déforestations intensives.

Vous pouvez aussi choisir vos huiles pour leur richesse en oméga 9. Leurs effets sont reconnus contre les risques d'hypertension, le cholestérol et les maladies cardio-vasculaires. Les propriétés des oméga 9, qui supportent bien la chaleur, en font aussi d'excellentes huiles de cuisson. Ils sont présents dans l'huile de colza, d'argan, de noix et de noisettes et surtout dans l'huile d'olive, qui ne contient par ailleurs ni oméga 3 ni oméga 6.

Dernier critère de choix : prenez des huiles de première pression à froid, vierges ou extra-vierges, car le raffinage fait disparaître certains nutriments bons pour la santé.

Nos intestins n'aiment pas...

1. Les produits sucrés raffinés (sucre, confiture, farine blanche, petits gâteaux, viennoiseries...). La farine blanche se comporte comme une vraie colle dans nos intestins, créant progressivement une hyperperméabilité.
2. Les aliments frits, grillés, torréfiés, pimentés, piquants, qui irritent nos parois intestinales et en augmentent aussi la perméabilité.
3. L'alcool, qui induit la sécrétion d'acide dans l'intestin. À trop forte dose, cet acide irrite la paroi de l'intestin et peut provoquer ou accroître des lésions irréversibles.
4. Les excitants : le café et le thé fort. Le chocolat en excès.
5. Les repas trop copieux épuisant notre système digestif.
6. L'excès de protéines animales (viande et fromage surtout), qui génère des fermentations et des putréfactions.

Les super-nutriments et les compléments naturels à essayer, pour nettoyer les toxines bactériennes et les toxiques intestinaux

Les magasins d'aliments diététiques et les épiceries bio proposent des produits alimentaires aux qualités reconnues pour l'intestin. Ils ne remplacent pas un repas, mais certains agissent comme des compléments en fournissant des nutriments bénéfiques à l'organisme. La plupart peuvent aussi être utilisés dans le cadre de cures de problèmes ponctuels ou chroniques.

➡ L'*Aloe vera*

Cette plante originaire des régions méditerranéennes est un véritable tonifiant. Elle contient l'essentiel des acides aminés dont le corps a besoin ainsi que presque tous les acides gras. Elle regorge en outre de vitamines B, C et E et de minéraux : fer, sodium, potassium, chrome, manganèse, cuivre et zinc. Cette richesse en multiplie l'efficacité. L'*Aloe vera* a une action antivirale, anti-inflammatoire et antidouleur, et des effets sur la flore intestinale où elle tend à réguler la population de bactéries et de levures. Elle favorise la capacité d'absorption des protéines par l'intestin et facilite ainsi le transit. Elle est conseillée en cas de coliques et s'ingère sous forme de gel. Commencez par 1 cuillerée à soupe le matin, puis augmentez la prise : 1 cuillerée avant chaque repas. Vous pouvez en sentir les bénéfices en trois semaines.

CONTRE-INDICATION

Attention, l'*Aloe vera* est à éviter pendant la grossesse et l'allaitement. De plus, elle ne doit pas être proposée aux enfants de moins de 6 ans.

➡ Le pianto

Cette préparation pour boisson à base de légumes et de plantes aromatiques (betterave, carotte, céleri, fenouil, ail, oignon, persil feuilles, cerfeuil, thym, laurier, romarin) offre un véritable concentré des qualités de chacune, puisqu'un flacon correspond à la réduction par macération de plus de 40 kg de légumes ! On y trouve des minéraux (manganèse, fer, calcium, magnésium), des enzymes, des protéines végétales et les acides aminés essentiels. Conseillé pour aider à mieux résister au stress et renforcer les défenses avant l'hiver, le pianto est détoxifiant, antioxydant et décontractant, et il facilite la digestion. Il doit toujours être consommé dilué. Mettez 2 cuillerées à café (10 ml) dans un grand verre d'eau chaude ou froide, de jus de fruits ou de légumes, dès le matin et tout au long de la journée.

CONTRE-INDICATION

• Une cure d'argile n'est pas toujours compatible avec la prise de médicaments, car ses capacités d'absorption peuvent neutraliser leurs principes actifs. L'argile ne peut donc être bue qu'à des heures de distance d'une prise de médicaments, d'homéopathie ou de plantes médicinales.

• La cure est aussi déconseillée si vous souffrez de constipation, d'occlusion intestinale, de hernie ou d'hypertension, et si vous suivez des séances de rayons X ou un traitement oral à l'huile de paraffine.

• Enfin, elle est contre-indiquée aux femmes enceintes et aux enfants de moins de 36 mois.

➡ L'argile

Cette terre est connue depuis l'Antiquité pour ses multiples usages : confection de poteries, de tablettes pour l'écriture et de briques pour la construction, mais aussi lavage du linge et momification des corps en raison de ses propriétés antiseptiques. Elle faisait partie de la pharmacopée chez les Chinois, les Grecs et les Romains. Et, jusqu'au Moyen Âge, son usage à des fins thérapeutiques était courant. Peu à peu délaissée, elle a retrouvé sa popularité à la fin du XIXe siècle grâce à des naturopathes.

Les thérapies naturelles l'utilisent en voie externe pour la peau — avec emplâtres, cataplasmes, bains, etc. — et en voie interne pour l'organisme, sous forme de comprimés ou de gélules, diluée ou mélangée à d'autres ingrédients. Excellente

CONTRE-INDICATION

La cure de lait d'argile, qui consiste à verser de l'argile dans un verre et à le boire immédiatement, ne peut être conseillée qu'aux personnes dont l'organisme est déjà habitué à l'eau d'argile. Si vous souffrez d'inflammations intestinales, préférez l'argile blanche.

Lors de vos préparations, évitez d'utiliser des ustensiles en fer, en métaux oxydables ou en plastique. Les cuillères en bois, les pots en grès ou en verre conviennent bien.

pour les lavements intestinaux, l'argile est absorbante (elle réagit comme une éponge et pompe les toxines stockées sur les muqueuses), antiseptique (elle évacue ou détruit les agents pathogènes), cicatrisante (elle favorise la guérison des plaies par activation de la coagulation et de la régénération des tissus) et reminéralisante (ses minéraux et oligoéléments favorisent la régénérescence des cellules). Elle est anticongestive, anti-inflammatoire et adoucissante.

Ces qualités exigent cependant une utilisation prudente en traitement interne. Dans tous les cas, demandez l'avis de votre médecin ou naturopathe.

L'argile verte ou blanche est commercialisée sous de multiples formes (concassée, en poudre, en pâte, en tube) et très simple à préparer. Délayez 1 cuillerée à café d'argile (environ 3 g) dans un verre d'eau minérale et mélangez bien. Laissez reposer toute la nuit, le temps que l'argile se dépose au fond du verre et que l'eau s'enrichisse de ses minéraux et oligoéléments. Buvez le matin à jeun, ou le soir au coucher. Dans le cadre d'une cure classique — de 1 à 3 semaines —, ne consommez pas la terre au fond du verre.

➡ Le charbon végétal activé

Ce remède naturel est indispensable dans l'armoire à pharmacie, notamment pour réagir rapidement en cas d'empoisonnement accidentel. Le charbon végétal activé est obtenu par calcination de la matière organique de certains végétaux (saules, tilleuls, trembles, peupliers ou coques de noix de coco). Il subit ensuite des injections de vapeur d'eau qui en développent la porosité et lui confèrent un puissant pouvoir d'absorption. Attention, cette capacité dépend d'abord de la nature du substrat végétal utilisé. Le charbon végétal de coques de noix de coco est ainsi vingt-cinq fois plus absorbant, donc plus efficace, que le charbon végétal de frêne, plus couramment commercialisé.

CONTRE-INDICATION

Par ailleurs, le charbon végétal actif ne fait pas bon ménage avec bon nombre de médicaments — antibiotiques, antidépresseurs, pilule contraceptive, compléments alimentaires, plantes médicinales — dont il absorbe les molécules. Ne les consommez pas simultanément : espacez les prises du charbon et des médicaments d'au moins 2 heures. Évitez aussi d'en prendre au cours des repas, afin qu'il ne s'attaque pas aux vitamines et aux oligoéléments de vos aliments.

L'utilisation du charbon pour ses vertus thérapeutiques remonte à des millénaires, puisqu'on en retrouve la trace en Égypte au XVIe siècle avant notre ère, sous le règne d'Amenhotep Ier. Son efficacité contre les poisons, contre l'arsenic notamment, a été maintes fois prouvée dans l'histoire. Aujourd'hui, la médecine classique le redécouvre timidement, mais la diététique le propose couramment pour sa puissance de nettoyage intestinal.

Une fois ingéré, le charbon végétal activé mène une action constante dans l'intestin jusqu'à son évacuation dans les matières fécales. Sa porosité lui permet de capturer toutes les substances toxiques qui entravent le bon fonctionnement de notre organisme — produits chimiques, médicaments de synthèse, pesticides, engrais chimiques, additifs alimentaires — et de les rejeter directement par la voie intestinale. Il se comporte de la même façon avec certains déchets normaux qui se trouvent dans l'intestin : toxines, bactéries, virus

CONTRE-INDICATION

À cause des risques de constipation qu'il peut présenter, le charbon végétal activé ne doit pas être pris de façon quotidienne et régulière, mais ponctuellement en cas de problèmes (de 4 à 8 gélules par jour pour une gastro-entérite par exemple) ou pour des cures d'entretien de 10 à 15 jours, à raison de 1 g par jour.

Pour les mêmes raisons, il est contre-indiqué aux personnes qui souffrent d'ulcère gastro-duodénal, d'occlusion intestinale ou d'autres problèmes gastro-intestinaux majeurs.

pathogènes, salmonelle, staphylocoque... Il absorbe également les gaz intestinaux (jusqu'à cent fois son volume en gaz) et avale aussi les bactéries qui les produisent. Par ailleurs, il ne provoque pas de carences nutritionnelles puisqu'il ne touche pas aux nutriments essentiels que sont les vitamines, les oligo-éléments et les minéraux... Les multiples expérimentations réalisées dans la durée sur des rats et des moutons ont montré que leur sang conservait toujours les taux adéquats de calcium, cuivre, zinc, fer, magnésium, phosphore, vitamines, et que le pH de l'urine de ces animaux restait constant.

Le charbon végétal activé peut être consommé par tous : adultes, enfants et femmes enceintes. Il est recommandé dans de nombreux cas : taux de cholestérol élevé, dysenterie, intoxication alimentaire, irritation de l'intestin, gastro-entérites, gastralgies, aigreurs d'estomac, mauvaise digestion, aérophagie, ballonnements et flatulences, diarrhée, déséquilibre de la flore intestinale, fermentation et putréfaction, infection intestinale accompagnée de constipation.

L'efficacité du charbon végétal activé, son large champ d'action et sa facilité d'emploi (on le trouve en comprimés, en pastilles, en gélules, en poudre et en granulés) ne doivent pas vous faire oublier certaines précautions.

Ainsi, puisque c'est un excellent antidiarrhéique,

CONTRE-INDICATION

Dans les cas d'intoxication par ingestion de médicaments qui ralentissent le transit, soyez particulièrement vigilant.
Dans les autres cas d'intoxication, le charbon végétal activé doit être pris rapidement, il cesse d'être utile 3 ou 4 heures après l'empoisonnement, et en quantité dix fois supérieure à la quantité de substance toxique absorbée. Dilué dans l'eau, il devra être bu lentement par le malade pour éviter les vomissements.
Enfin, il est important de noter que le charbon végétal n'est pas un remède à tous les empoisonnements, il est inefficace en cas d'ingestion de produits corrosifs ou d'hydrocarbures. Son pouvoir d'absorption est alors pratiquement nul.

vous pourriez être tenté de vous en servir immédiatement en cas de problèmes, mais rappelez-vous que la diarrhée est avant tout un processus naturel d'élimination des bactéries et des virus de notre système digestif. Avant de vous en débarrasser avec du charbon végétal activé, essayez plutôt d'en connaître les causes.

De même, afin de faciliter l'élimination des toxines, il est conseillé de boire beaucoup d'eau après l'ingestion du charbon (au moins 2 litres), jusqu'à son arrivée dans les selles, de 18 à 48 heures plus tard.

➡ Le jus d'herbe de blé

Malheureusement encore peu connu en Europe — alors qu'il existe des bars spécialisés dans sa distribution à New York ! —, le jus d'herbe de blé est l'un des aliments les plus complets que la nature peut nous offrir. Ce jus parfaitement assimilable en quantité modérée fournit des protéines, des enzymes, des vitamines (A, B, C, E), la plupart des minéraux et dix-huit acides aminés, dont les huit essentiels.

Penchons-nous un instant sur quelques-unes de ses propriétés pour en détailler les principaux bénéfices. Les vitamines A sont importantes pour la vue, la croissance, la peau et la résistance aux infections, les B ont un effet antistress, les C stimulent le système immunitaire, et les E protègent le cœur.

Parmi les minéraux, le fer favorise la formation des globules rouges et le transport de l'oxygène vers les poumons. Le sodium aide à la digestion et à l'élimination. Le potassium raffermit la peau et favorise l'équilibre pondéral (le jus d'herbe de blé en propose autant que les citrons, les oranges, le raisin ou les pommes). Le magnésium préserve le bon fonctionnement des muscles (le jus d'herbe de blé en contient autant que les brocolis, les choux de Bruxelles ou les betteraves). À cela, il faut ajouter le calcium, indispensable à la santé des os, à la qualité des vaisseaux sanguins et aux transmissions nerveuses.

Le jus d'herbe de blé en dispense autant que le lait, mais — tant mieux ! — sans les graisses animales...

Les acides aminés fournis par le jus d'herbe de blé tiennent aussi des rôles essentiels à l'organisme. La lysine ralentit le vieillissement. L'isoleucine permet la croissance. La leucine nous tient alertes et éveillés. Le tryptophane enrichit le sang, la peau et les cheveux. La phénylalanine équilibre la glande thyroïde et assure le calme émotionnel. La thréonine stimule la digestion. La valine active le cerveau, favorise la coordination des muscles et calme les nerfs. La méthionine nettoie et régénère les reins et le foie...

Si le jus d'herbe de blé offre autant de qualités, c'est qu'il est composé à 70 % de chlorophylle. Or, la chlorophylle est avant tout un concentré d'énergie solaire stockée dans les fibres végétales. Cette énergie qui explose au printemps, le jus d'herbe de blé peut nous la fournir toute l'année. Ardente promotrice de cette boisson, l'Américaine Ann Wigmore[1] estime d'ailleurs que les consommateurs de viande et de produits laitiers se contentent d'absorber de l'énergie solaire « de seconde main » !

Excellente régénératrice du système immunitaire général, la chlorophylle contribue à la purification du foie et du côlon en créant un environnement défavorable à la prolifération des bactéries et en éliminant les dépôts et les toxines accumulés au cours des ans dans notre organisme. Le jus d'herbe de blé procure aussi au sang le fer nécessaire à une bonne circulation. Cette meilleure circulation favorise l'équilibre du poids et agit contre les ulcères, les colites, la constipation, les diarrhées et autres troubles gastro-intestinaux.

CONTRE-INDICATION

- **Attention toutefois à consommer ce jus très puissant de façon raisonnée. Une quantité inappropriée peut entraîner des nausées, des étourdissements ou des maux de tête, en réaction au relâchement rapide des toxines de l'organisme.**
- **Il est aussi contre-indiqué durant la grossesse et doit être limité à une seule portion par jour durant la période d'allaitement.**

➡ Les huiles essentielles

Certaines huiles essentielles comme celles issues du cumin, de la cardamome ou du carvi peuvent soigner l'intestin de façon ponctuelle, sur un jour ou deux. Vous pouvez la verser dans la nourriture à la fin de la cuisson, ou dans une salade. Pas plus d'une goutte par préparation : c'est économique, largement suffisant pour réguler le transit, calmer les inflammations et garder un ventre plat et souple !

CONTRE-INDICATION

Attention : réservez le cumin aux adultes.

On pensera à la cannelle de Ceylan (écorce) qui contribue à la désinfection de l'intestin. Poudre et extrait sec sont utilisés pour lutter contre les troubles digestifs accompagnés de crampes gastro-intestinales légères, de ballonnements et flatulences. L'huile essentielle de cannelle écorce est connue pour ses propriétés antibactériennes, antifongiques et anti-infectieuses.

L'huile essentielle d'origan (marjolaine) est reconnue pour ses activités antibactérienne (majeur), fongicide, antivirale et parasiticide.

CONTRE-INDICATION

Attention, la cannelle est déconseillée chez la femme enceinte.

Pour calmer une diarrhée ou soigner une gastro, couplez de l'huile essentielle d'arbre à thé (*tea tree*) avec l'huile essentielle de citron.

Pour éviter une constipation chronique, l'huile essentielle de basilic tropical en massage, diluée, ou l'huile essentielle de basilic grand vert en adjonction dans vos aliments pourront être utiles, ainsi que les produits obtenus à partir de plantes anisées, comme l'huile essentielle d'estragon. Elles calment les colites, les spasmes douloureux et régulent le système nerveux parasympathique en relançant le transit.

Pour les cas de troubles intestinaux d'origine nerveuse, utilisez les huiles essentielles de plantes aux vertus relaxantes : lavande fine, petit grain bigaradier, mandarine ou ylang-ylang.

Un conseil : en application externe, diluez 1 ou 2 gouttes au maximum d'huile essentielle dans une huile végétale ou corporelle. Pour un usage interne, n'en mettez pas plus d'une goutte, que vous diluerez dans une huile de salade, par exemple.

CONTRE-INDICATION

N'utilisez jamais les huiles essentielles pures.

Les prébiotiques et les probiotiques : rétablir l'équilibre de la flore intestinale

➡ Les prébiotiques

Ce sont des ingrédients alimentaires qui échappent à la digestion dans l'intestin grêle et qui, une fois arrivés dans le côlon, stimulent la croissance sélective des bonnes bactéries, comme les bifidobactéries ou les lactobacilles.

Rôles

- Ils renforcent l'activité enzymatique et l'équilibre bactérien au niveau intestinal.
- Ils favorisent la régénération des entérocytes (cellules de l'intestin).
- Ils améliorent l'absorption de certains minéraux : calcium, magnésium, fer, zinc.
- Ils diminuent le taux des triglycérides.
- Ils favorisent la production naturelle de butyrate et de propionate, deux éléments contribuant à la prévention du cancer du côlon.

Que sont-ils ?

Ce sont des fibres souples non digestibles. À ce jour les prébiotiques les plus étudiés sont les fructo-oligosaccharides (FOS) et l'inuline. Plusieurs végétaux renferment de l'inuline (ail, asperge, poireau, topinambour, banane, etc.), mais c'est essentiellement de la racine de chicorée que celle-ci est extraite. L'inuline devient un FOS après hydrolyse.

Les prébiotiques (dont l'inuline et son dérivé, le fructo-oligosaccharide) peuvent être produits industriellement ou se trouver naturellement dans le miel, les fruits, les légumes et les céréales. L'oignon, l'ail, la banane, l'asperge, l'artichaut, l'orge, le blé et le seigle contiennent de l'inuline.

➡ Les probiotiques

Ce sont des micro-organismes vivants — des bactéries et des levures — qui viennent enrichir notre microbiote. On les trouve dans les yaourts et les laits fermentés, ou présentés sous forme de compléments alimentaires.

Prébiotiques et probiotiques peuvent travailler en synergie pour régénérer la flore intestinale.

Plus spécifiquement, les probiotiques stimulent les enzymes digestives. Ils permettent donc une meilleure assimilation des acides aminés essentiels, des minéraux et des vitamines. Ils favorisent aussi la réduction du cholestérol et des sels biliaires et diminuent l'absorption intestinale de substances telles que l'ammoniac, les amines et les indoles, dont ils peuvent neutraliser les effets toxiques. Selon leur genre, leur espèce et leur souche, ils sont conseillés pour remédier à certains dysfonctionnements intestinaux.

LA CONSTIPATION : les probiotiques, même à faible dose, améliorent le transit intestinal, ce qui permet de réduire l'utilisation de laxatifs. Ces derniers ont l'inconvénient majeur d'éliminer, en plus du bol fécal, différentes substances essentielles à l'organisme comme les acides aminés et les minéraux.

LA DIARRHÉE : de nombreuses études ont mis en avant l'intérêt de la prise de ferments lactiques lors de diarrhées infantiles pour réduire l'intensité et la durée des symptômes. Pour les adultes, les probiotiques peuvent prévenir les troubles intestinaux dus à une modification des habitudes alimentaires, notamment lors d'un voyage (la fameuse turista).

LES TROUBLES LIÉS À LA PRISE D'ANTIBIOTIQUES : les probiotiques restaurent la flore attaquée par les antibiotiques.

Attention : les probiotiques consommés disparaissent rapidement de notre organisme. Pour en avoir tous les bénéfices, consommez-les très régulièrement. Il n'existe pas de contre-indications à en prendre en continu. Dans les cas de baisse de l'immunité due à une grosse fatigue, à un hiver éprouvant ou à un stress important, vous pouvez en faire plusieurs cures de 3 à 4 semaines pendant l'année. Un effet sur 5 à 10 jours est observé après le début du traitement, et il disparaît environ 48 heures après la dernière prise.

Rôles

- Ils repoussent les germes grâce à un effet barrière.
- Ils favorisent la digestion du lactose.
- Ils améliorent la digestibilité et l'assimilation des nutriments et des minéraux.
- Ils renforcent le système immunitaire.
- Ils restaurent l'équilibre de la flore lors des troubles du transit ou dans le cas de certains troubles urinaires ou vaginaux.
- Ils préviennent les dégâts liés à une antibiothérapie. Si l'antibiothérapie n'est pas à remettre en question lorsqu'elle est justifiée, elle représente néanmoins une attaque terrible pour l'équilibre de la flore.

↳ Il faut toujours apporter des probiotiques après une antibiothérapie afin de rétablir sa flore !

Quelles espèces ?

Les espèces les plus étudiées sont les lactobacilles, dont *L. rhamnosus*, et les bifidobactéries.

Pour corriger les troubles cités précédemment, une alimentation riche en probiotiques ne suffit pas, il conviendra de se supplémenter avec un complément alimentaire adapté apportant un très grand nombre de probiotiques, se fixant et se développant durablement dans l'intestin. En effet, pour être véritablement efficaces, les probiotiques doivent arriver en concentration suffisante dans l'intestin grêle et dans le côlon.

Les scientifiques ont établi des critères idéaux auxquels doivent répondre les probiotiques. Lorsqu'on en achète, il faudrait s'assurer, en plus de la concentration en bactéries amies, de divers critères :

- leur origine, pour être sûr qu'ils seront bien tolérés ;
- leur résistance à l'acidité gastrique de l'estomac ;
- leur résistance à l'attaque des sels biliaires ;
- leur capacité d'adhérence à la muqueuse intestinale ;
- leur vitalité et leur stabilité dans le temps.

De plus, les probiotiques doivent être adaptés à l'âge de la personne, car leurs qualités et leurs fonctionnalités sont « espèce-dépendantes ».

La durée de vie *in situ* des probiotiques n'excédant pas une quinzaine de jours, il faut en consommer régulièrement, à moins d'apporter des FOS, nourriture du probiotique, pour entretenir sa propre flore.

Les symbiotiques sont des compléments alimentaires contenant des probiotiques et des prébiotiques. Le prébiotique permet d'optimiser la puissance d'action du probiotique.

Restaurer l'intégrité de la muqueuse de l'intestin grêle

Un certain nombre de nutriments sont nécessaires : glutamine, oligoéléments, acides aminés, vitamines.

La glutamine est l'aliment privilégié de l'entérocyte et des cellules immunitaires. Cet acide aminé est un des constituants des jonctions serrées, en quelque sorte le « ciment ». Son déficit est fréquent, surtout chez les personnes âgées, les végétariens et les personnes qui jeûnent pendant plusieurs jours. Attention, l'exclusion des produits laitiers ou du gluten, favorable à l'élimination de l'allergie, entretient un apport en glutamine insuffisant.

La glutamine favorise la réparation de la muqueuse et participe ainsi à la restauration de la barrière intestinale, et par conséquent limite l'excès de perméabilité intestinale. Le dosage est de 0,5 à 1 g par jour. Il n'y a apparemment pas de contre-indication, et la durée du traitement n'est pas limitée dans le temps : de trois à plusieurs mois peuvent être nécessaires à cette dose nutritionnelle. Les cofacteurs indispensables sont le zinc, le bêta-carotène, la vitamine B9.

J'adopte les bons gestes

Nous l'avons vu, puisque les aliments ne sont pas les seuls responsables de nos maux de ventre, ils ne sauraient non plus être leurs seuls médecins. Si les super-aliments peuvent nous aider, nous devons aussi la santé de nos intestins à nos comportements quotidiens. Voici six gestes et habitudes à prendre qui leur feront recouvrer le bien-être et qui vous apaiseront…

Je me réchauffe avec une bouillotte

La bouillotte, ce truc de grand-mère ? Oubliez vos préjugés, car nos grands-mères avaient sans doute raison : la bouillotte est l'alliée des frileux, qui la glissent dans le lit avant de se coucher, des stressés, qui se réchauffent le plexus, des rhumatisants, que la chaleur soulage, mais aussi des femmes aux règles douloureuses, des émotifs et des sensibles, et bien sûr de ceux qui connaissent des digestions difficiles.

La naturopathie l'utilise pour toutes ces vertus. Son principe est fort simple : la bouillotte réchauffe le corps en dilatant les vaisseaux, ce qui active la circulation sanguine. Les échanges intracellulaires de tout l'organisme (eau, nutriments, oxygène) sont ainsi facilités. Ce travail doux accroît la vitalité.

Vous pouvez utiliser la bouillotte de manière spécifique, en fonction de vos besoins.

Ainsi, pour assurer une bonne digestion et une meilleure élimination, appliquez-la sur la région du foie, de la vésicule biliaire, du pancréas, de la rate, des reins et/ou des intestins.

Pour vous détendre après une journée de stress et dénouer les tensions psychoémotionnelles, favorisez la zone de la nuque, du dos et du plexus solaire. Les petits enfants qui ont des difficultés à trouver le sommeil peuvent aussi trouver les bouillottes-peluches très efficaces à serrer dans leurs bras comme un doudou.

Lors des petites tensions qui surviennent au milieu du cycle menstruel, posez-la sur le bas-ventre et la zone lombaire, au bas du dos.

Pour les tendinites et les tensions musculaires, mettez-la sur les endroits douloureux.

Aujourd'hui, les bouillottes se présentent essentiellement sous deux formes.

- La bouillotte traditionnelle en caoutchouc, à remplir d'eau chaude (et non pas bouillante) aux deux tiers afin qu'elle garde suffisamment de souplesse pour s'adapter à votre corps. Elle restitue de la chaleur pendant plusieurs heures. Pensez toutefois à l'envelopper dans un linge avant de l'appliquer afin de ne pas risquer de vous brûler la peau.
- La bouillotte sèche en tissu remplie de noyaux de cerises ou de graines végétales (épeautre, colza, blé, riz...) que l'on chauffe au four traditionnel ou au four à micro-ondes. Plus limitée, sa restitution de chaleur dure de 1 à 2 heures.

Retenez enfin que l'usage de la bouillotte apporte un bien-être ponctuel mais ne guérit pas les maladies. Avant de l'utiliser pour des maux spécifiques, demandez l'avis d'un médecin.

CONTRE-INDICATION

En revanche, ne l'utilisez pas sur des lésions ou des plaies suintantes ni sur les varices proéminentes. Contre-indication absolue : les entorses, les fractures, les élongations, les claquages et les déchirures musculaires. Dans ces cas-là, seul le froid soulage, et ce sont des glaçons qu'il faut appliquer !

Je me purge

Pratiques ancestrales autrefois très répandues, les purges et les lavements sont aujourd'hui tombés en désuétude. Le drainage est pourtant un geste simple et doux, et nous savons que nos intestins nécessitent une hygiène régulière.

Faut-il rappeler qu'ils gèrent plus de 75 % de nos capacités immunitaires, qu'ils sont le lieu privilégié de l'assimilation alimentaire et le siège d'une partie de nos émotions ? Les laisser s'encrasser (et le mot est bien adapté) revient à les affaiblir, alors qu'un lavement élémentaire pourrait en expulser les matières — dont le gluten — qui s'y déposent comme des colles jour après jour, et dynamiser la régénération des muqueuses.

C'est la méthode de nettoyage du côlon qui est la plus facile à mettre en œuvre, la plus intime, et aussi la plus économique. Il faut de préférence la pratiquer à jeun, et donc dans un moment le plus éloigné possible du dernier repas : le matin au réveil ou avant de déjeuner si vous n'avez pas pris de petit déjeuner. Il ne requiert qu'un bock ou une poche à lavement, achetable en pharmacie.

Remplissez le bock de 1 à 2 litres d'eau à température du corps (1 litre pour les enfants), attachez-le un peu en hauteur et allongez-vous sur le flanc ou mettez-vous à genoux les fesses en l'air. Retirez l'air du tuyau en faisant descendre l'eau jusqu'au robinet, introduisez la canule lubrifiée dans l'anus avec un peu de vaseline et ouvrez le robinet à moitié. Laissez entrer l'eau, massez-vous le ventre et évacuez quand vous le souhaitez. L'idéal est évidemment de réaliser cette opération non loin des toilettes. Vous pouvez faire plusieurs passages d'eau, et vous serez souvent surpris de la quantité de matières fécales qui seront ainsi vidées. Vous serez aussi étonné de sentir très vite bien des nœuds se dénouer dans votre ventre.

Si vous êtes inquiet à l'idée de soumettre vos intestins à un nettoyage trop radical qui remonterait trop haut, rassurez-vous : côlon et intestin grêle sont séparés par une valve qui empêche le reflux de toute nourriture et la circulation ne s'y fait que dans un sens, du grêle vers le côlon. De plus, le lavement ne va pas faire disparaître votre flore. D'une part, parce qu'il ne nettoie que 30 cm de côlon (pour un nettoyage plus profond, il faut opter pour l'irrigation du côlon réalisée à grandes eaux par un thérapeute). D'autre part, parce que les bactéries non drainées et celles de l'intestin grêle vont très vite recoloniser les parties fraîchement nettoyées.

Je bois

L'eau nous est indispensable, comme elle l'est à toute vie sur la terre. Nous avons tendance à l'oublier quand nous nous laissons séduire par les sodas, les jus ou l'alcool. Du coup, nous perdons peu à peu les notions de son bon usage. Ainsi, nous buvons souvent uniquement par réflexe, quand la soif se fait sentir, alors qu'il faudrait au contraire boire régulièrement pour ne pas avoir soif.

Les professionnels de la santé recommandent au moins 1,5 litre d'eau par jour, et certains conseillent même 30 ml quotidiens par kilo de poids. Une personne de 70 kg devrait ainsi avaler 2,1 litres.

Ces quantités sont à répartir tout au long de la journée afin d'optimiser leurs effets.

Commencez le matin dès le lever, avec un grand verre d'eau tiède. Ce geste, recommandé par la médecine ayurvédique, activera en douceur votre métabolisme encore endormi et la motricité intestinale. L'idéal est de se recoucher ensuite en se positionnant sur le côté droit, afin que l'eau circule dans le foie. Elle détend le sphincter d'Oddi qui joint le foie et le pancréas à l'intestin, et lui permet ainsi d'écouler la bile, facteur de nausées. Cette vertu vaut à l'eau chaude d'être conseillée à la fin de chaque repas. Pour augmenter son potentiel thérapeutique, vous pouvez la transformer en tisane en y faisant infuser des plantes, ou y ajouter du jus de citron.

Il faut ensuite boire (tiède ou chaud) entre les repas selon sa soif et son activité physique, et lorsque l'estomac est encore vide. Ainsi, buvez un verre d'eau après chaque passage à la selle, pour remplacer celle qui vient d'être évacuée. Buvez jusqu'à

30 minutes avant chaque repas, afin que l'eau ingérée ait le temps de quitter l'estomac.

Pendant les repas, l'eau bue favorise la digestion des glucides (les sucres). Cependant, après avoir mangé, abstenez-vous d'en prendre pendant 1 h 30, car elle diluerait les sucs gastriques et la digestion perdrait de son efficacité.

De manière générale, mieux vaut boire chaud, même et surtout en été, de façon à ne pas faire subir de choc thermique à l'organisme et à éviter certains troubles inflammatoires, comme les colites ou l'eczéma. Ce n'est pas un hasard si les habitants du Sahara boivent du thé chaud à toute heure...

Si vous n'aimez pas l'eau plate, optez pour le thé ou les tisanes. Le thé en général fait travailler les reins, et le thé vert est particulièrement recommandé pour favoriser le transit. Si vous êtes sensible au pouvoir stimulant de la théine, faites infuser votre thé pendant 20 secondes, jetez l'eau chaude et faites infuser de nouveau. L'essentiel de la caféine est libéré dès le début de l'infusion.

Les tisanes sont tout aussi efficaces pour les intestins : la mauve calme les douleurs digestives, la menthe limite les ballonnements, la verveine, les spasmes, et l'anis accélère le transit. Comme le thé, la sauge et le pissenlit sont aussi connus pour leurs vertus diurétiques. En décrassant l'organisme, ces tisanes ont des effets calmants. La simple eau plate possède également des vertus calmantes. En cas de mal de tête, boire deux ou trois verres à la suite et sans se presser apaise la douleur en un quart d'heure. Les personnes qui travaillent avec des enfants en difficulté constatent aussi que boire après avoir pleuré permet de retrouver la sérénité plus rapidement...

➡ Reste une question, essentielle : quelle(s) eau(x) boire ?

Choisissez-les d'abord plutôt acides, mais sans excès, avec un pH compris entre 6,5 et 7. L'acidité de l'eau, ou au contraire son alcalinité, agit sur les sécrétions digestives et donc sur la flore microbienne des intestins.

EAUX MINÉRALES PLATES

EAUX FAIBLEMENT MINÉRALISÉES

NOM	CALCIUM	BICARBONATES	MAGNÉSIUM	CHLORURES	SODIUM	SULFATES	POTASSIUM	SILICE	FLUOR	NITRATES	RÉSIDU SEC À 180 °C
ABATILLES	16,4	112	8	98	74,5	7,8	2,8				259
AIX-LES-BAINS	72	329	38		14		2		0	<1	402
ÉVIAN	80	360	26	6,8	6,5	12,6	1	15	0,1	3,7	309
THONON	108	350	14	9	3	13	<1			8	342
VALVERT	67,6	204	2	4	1,9	18	0,2			3,5	201
VOLVIC	11,5	71	8	13,5	11,6	8,1	6,2	31,7	0,2	6,3	130
SPA REINE	4,5	15	1,3	5	3	4,1	0,5	7		1,9	33
MONT ROUCOUS	1,2	4,9	0,2	3,2	2,8	3,3	0,4			2,3	25

EAUX MOYENNEMENT MINÉRALISÉES

NOM	CALCIUM	BICARBONATES	MAGNÉSIUM	CHLORURES	SODIUM	SULFATES	POTASSIUM	SILICE	FLUOR	NITRATES	RÉSIDU SEC À 180 °C
VITTEL	202	402	43	8	4,7	336	2		0,3		841

EAUX RICHES EN SELS MINÉRAUX

NOM	CALCIUM	BICARBONATES	MAGNÉSIUM	CHLORURES	SODIUM	SULFATES	POTASSIUM	SILICE	FLUOR	NITRATES	RÉSIDU SEC À 180 °C
CONTREX	486	84		10	9,1	1 187	3,2		0,3	2,7	2 125
COURMAYEUR	533	176	66	<1	1	1 420	2		<1	<2	2 225
HÉPAR	555	403	110	18	14	1 470	4		0,4		2 580
SAINT ANTONIN	528	329	78	9	9	1 342	3		1,3	<1	2 225

EAUX MINÉRALES PÉTILLANTES

EAUX FAIBLEMENT MINÉRALISÉES

NOM	CALCIUM	BICARBONATES	MAGNÉSIUM	CHLORURES	SODIUM	SULFATES	POTASSIUM	SILICE	FLUOR	NITRATES	RÉSIDU SEC À 180 °C
PERRIER	155	445	6,8	25	11,8	46,1	1,3			4,8	479

EAUX MOYENNEMENT MINÉRALISÉES

NOM	CALCIUM	BICARBONATES	MAGNÉSIUM	CHLORURES	SODIUM	SULFATES	POTASSIUM	SILICE	FLUOR	NITRATES	RÉSIDU SEC À 180 °C
BADOIT	190	1 300	85	44	165	38	10	35	1,2		1 200
SALVETAT	253	820	11	4	7	25	3	72			850
SAN PELLEGRINO	208	135,5	55,9	74,3	43,6	549,2	2,7	9	0,5	0,4	1 109
VERNIÈRE	200	1 228	76	19	158	174	52			<2	1 226

EAUX RICHES EN SELS MINÉRAUX

NOM	CALCIUM	BICARBONATES	MAGNÉSIUM	CHLORURES	SODIUM	SULFATES	POTASSIUM	SILICE	FLUOR	NITRATES	RÉSIDU SEC À 180 °C
QUÉZAC	241	1 685	95	38	255	143	49,7		2,1	<1	1 656
ROZANA	301	1 837	160	649	493	230	52		1		3 022
VICHY-CÉLESTINS	103	2 989	10	235	1 172	138	66		5		3 325
VICHY ST-YORRE	90	4 364	11	322	1 708	174	132		9		4 474

À quelles sources puiser ?

Eaux très peu minéralisées : Mont-Roucous (30 mg/l) ; Montcalm (50 mg/l) ; Celtic (50 mg/l) ; Volvic (110 mg/l).
Eaux à minéralité moyenne : Évian (320 mg/l) ; Vittel (750 mg/l).
Eaux très salées ou hyperminéralisées : Hépar (1 600 mg/l) ; Contrex (2 300 mg/l) ; Vichy (4 300 mg/l).

Le processus est simple à comprendre : l'eau passe d'abord par l'estomac, un lieu de forte acidité (pH de 2). Si elle est acide, elle s'adapte à ce milieu sans le bousculer. Mais si elle est alcaline (avec pH supérieur à 7,5), elle tempère l'acidité ambiante et oblige l'organisme à un effort sécrétoire plus important. Il se produit alors un déséquilibre entre les sécrétions de l'estomac, celles du pancréas et celles des intestins. Le microbiote du côlon qui reçoit les sucs s'en trouve perturbé, car une eau alcaline (ou basique) défavorise la flore de fermentation. Or cette flore (notamment composée de *Bifidobacterium bifidum* et de colibacilles) est justement celle qui répare les muqueuses de l'intestin, qui produit des vitamines (K, B), et qui module notre réponse immunitaire face aux aliments. Réservez donc les eaux alcalines à une consommation ponctuelle, ou à des cures de 8 à 10 jours au maximum.

Par ailleurs, buvez des eaux faiblement minéralisées. Contrairement à une idée reçue, la vocation première de l'eau n'est pas d'apporter au corps de nouveaux minéraux, mais bien de l'hydrater et de l'aider à éliminer les déchets. Or les eaux trop minéralisées participent à l'accumulation de ces déchets.

La plupart des minéraux et oligoéléments qu'elles contiennent sont inorganiques, donc non absorbables par l'organisme. Ils se perdent donc dans le système digestif, et les émonctoires doivent fournir un effort supplémentaire pour les évacuer. Ils encrassent les reins — ce qui peut provoquer des calculs biliaires ou rénaux — et ils endommagent les articulations. Ainsi, les eaux trop salées favorisent une mauvaise rétention des minéraux dans l'organisme au détriment du drainage des tissus et de la circulation sanguine. Elles sont donc déconseillées aux personnes qui souffrent d'intoxication ou de surpoids et d'obésité. Ces dernières ont plutôt intérêt à opter pour les eaux « osmosées », très peu salées (entre 20 et 50 mg/l) et donc très drainantes.

Les personnes maigres ou convalescentes, en manque de minéraux, peuvent aussi utiliser ces eaux en y ajoutant des solutions d'oligoéléments comme le plasma de Quinton. Organiques, ils nourriront l'organisme sans l'encrasser...

Je mange bio

Phtalates et bisphénol A au petit déjeuner, mercure au déjeuner, dioxines au dîner... Aussi équilibré soit-il, un repas n'est pas forcément sain. Une enquête menée par l'association Générations futures et le réseau européen Health & Environment Alliance[1] a montré qu'un enfant français peut avaler pas moins de 128 résidus chimiques de 81 substances différentes en 24 heures. Même si les repas étudiés — ni trop gras, ni trop sucrés ou salés et avec fruits et légumes frais — ont toute l'apparence d'être sains, ils contiennent des dizaines de pesticides, des perturbateurs endocriniens (à l'origine notamment de troubles de la fertilité) et des cancérigènes suspectés ou avérés... Autant de produits chimiques dont la médecine n'a pas encore déterminé tous les effets potentiels, et qui, même à faibles doses, ont tendance à s'accumuler dans l'organisme.

Afin de ne plus inscrire à notre insu des nitrates et des métaux lourds à nos menus, il est hautement recommandé de se tourner vers l'alimentation biologique. Les pesticides et autres produits phytosanitaires sont interdits dans la culture des fruits et légumes. Les traitements antifongiques et conservateurs ne s'y trouvent qu'en quantité infime, voire nulle dans les produits locaux et de saison. Les circuits de distribution étant plus courts, ils présentent aussi moins de risques de contaminations accidentelles. L'élevage bannit les hormones et les farines animales et n'utilise qu'exceptionnellement les antibiotiques dont est ordinairement gavé le bétail. L'alimentation bio nous préserve ainsi des molécules chimiques.

Mais nous offre-t-elle plus de bons nutriments, de vitamines et de sels minéraux ?

Sur ce point, les études varient en fonction des denrées. L'Organisation mondiale de la santé a cependant reconnu que, de manière générale, les produits bio en contiennent plus.

Rien d'étonnant à cela : à poids égal, les végétaux non traités renferment moins d'eau et plus de matière sèche que ceux qui le sont. Ils sont donc plus concentrés. De plus, parce qu'ils sont la plupart du temps récoltés à maturité, leur teneur en vitamine C et antioxydants est supérieure, sous réserve qu'ils ne restent pas des semaines sur l'étal du supermarché ou dans le frigo. Quant aux viandes, leurs protéines sont de meilleure qualité. Les animaux de l'élevage bio sont en pleine santé, ils grandissent au grand air, sans stress et vivent plus longtemps que leurs malheureux congénères de batterie !

Préférer le bio ne soigne pas que nos intestins. Ce choix favorise aussi un mode de production qui respecte les sols, les cycles naturels, les espèces locales et la biodiversité. En respectant des circuits courts entre producteurs et consommateurs, l'agriculture bio participe aussi aux réductions de la consommation d'énergie et à celle des gaz à effet de serre. Son intérêt écologique est indissociable de son intérêt économique. Un exemple ? Dans certaines régions où les populations d'insectes ont été décimées par les pesticides et la disparition des jachères, haies et talus, la pollinisation doit se faire manuellement ou en important des abeilles. C'est le cas pour les pommiers anglais, les amandiers américains et nombre de légumes cultivés sous serre. « Le coût de l'opération s'élève à 153 milliards d'euros, déplore Nicolas Garcia, chargé de mission au WWF[2]. Aberrant ! Car si on la préserve, la nature nous rend gratuitement ce service. »

Un autre exemple : l'eau. Elle aussi touchée par l'usage massif de produits phytosanitaires (insecticides, herbicides, engrais...), elle doit être nettoyée. Aujourd'hui, le traitement des eaux polluées par l'industrie et l'agriculture représente un coût de près de 2 milliards d'euros. Selon l'Institut français de l'environnement, la France a encore du chemin à faire pour retrouver une eau saine : premier utilisateur de pesticides en Europe et deuxième au monde, après les États-Unis, notre pays a déjà pollué 96 % de ses cours d'eau et 61 % de ses eaux souterraines ! Or, non seulement cette dégradation silencieuse est néfaste pour la biodiversité (les poissons et les batraciens étant les premiers touchés), mais elle l'est aussi pour notre santé. Et plus il y a de pollution, moins elle est facile à éliminer. Il faudrait pourtant s'y mettre, à notre plus grand profit. Les écologistes estiment que, pour 1 € investi dans le soutien à l'agriculture biologique, la collectivité économise 2 € sur la dépollution de l'eau. Ce qui, à terme, ne peut que se répercuter sur nos factures...

En dépit de ce discours de bon sens, il nous semble parfois difficile de manger bio, pour une question de prix. Les denrées proposées dans les magasins spécialisés affichent en effet un surcoût de 20 à 30 % en moyenne, difficilement tenable pour beaucoup de foyers...

Alors, les produits bio seraient-ils réservés aux plus riches et rédhibitoires pour les autres ? Non, car pour mesurer l'impact réel du bio sur notre porte-monnaie, il faut prendre en compte l'ensemble de la philosophie alimentaire biologique.

Celle-ci nous invite d'abord à changer notre façon de consommer. Par exemple, il n'est pas nécessaire de s'offrir de la viande ou du poisson tous les jours pour être en bonne santé. L'agriculture bio propose des légumineuses et des céréales goûteuses, variées, et riches en protéines végétales, qui peuvent avantageusement pallier une consommation moins importante de protéines animales. Aujourd'hui, les producteurs s'efforcent de multiplier leurs produits et d'élargir la palette des goûts. Ils remettent sur le marché des variétés oubliées, traditionnelles et de terroir, choisies pour leurs qualités gustatives ou nutritionnelles.

Ils modifient aussi nos comportements de consommateurs. Ils raccourcissent le trajet des aliments vers les étals ou proposent des ventes directes. En achetant bio, nous échappons aux supermarchés anonymes, nous renouons du lien social, nous apprenons à connaître les producteurs et à choisir nos aliments. Nous retrouvons du plaisir à les cuisiner… et à les manger. Notre digestion n'en sera que meilleure et notre budget préservé…

Un conseil : si vous n'êtes pas sûr de pouvoir passer au tout-bio du jour au lendemain, faites-le par étapes. Commencez par remplacer les produits raffinés de base comme les pâtes et le riz blanc par des produits équivalents semi-complets et bio. Ensuite, changez les huiles raffinées pour des huiles bio de première pression à froid. Enfin, petit à petit, laissez-vous aller à la curiosité et testez des produits que vous ne connaissez pas. Le goût et l'appétit suivront…

Je marche

Nous avons expliqué comment l'exercice physique est bénéfique pour nos intestins comme pour notre organisme. Mais vous ne vous sentez peut-être pas dans la peau d'un athlète, vous n'avez peut-être ni le temps ni la motivation pour vous inscrire dans un club de sport, ou vous vous pensez trop fragile ou trop âgé pour vous lancer dans une pratique intensive… Qu'à cela ne tienne ! S'il vous reste toujours la faculté de mettre un pied devant l'autre, je ne saurais trop vous conseiller de prendre l'habitude de marcher quotidiennement. Une simple promenade de 20 minutes par jour a des effets réjouissants pour la santé.

Elle relaxe le cerveau. Il s'oxygène. Or un meilleur apport sanguin favorise la synthèse des endorphines (les hormones du bien-être) et dope les fonctions cognitives et la mémoire. Ce bénéfice va de pair avec la lutte contre la dépression qui a tendance à nous pousser à l'enfermement. Sortir, dans la nature ou même en ville, nous procure l'occasion de spectacles qui stimulent nos émotions et notre réflexion, cassent la routine et nous redonnent éventuellement le goût du contact social.

Une marche de 30 minutes seulement améliore aussi l'activité du métabolisme et le niveau de sucre dans le sang, ce qui est souhaitable pour les diabétiques. Elle limite les problèmes cardio-vasculaires en diminuant la pression artérielle et en entraînant le cœur, et elle renforce les os et les muscles des jambes. Enfin, elle facilite le transit intestinal et se révèle être un très bon moyen de lutter contre la constipation.

L'idéal est de marcher sur une distance de 2 kilomètres, en commençant à un rythme très tranquille que vous tiendrez pendant 15 minutes. Accélérez le pas pendant les 5 dernières minutes, sans toutefois courir. Mettez des chaussures et des vêtements confortables, prenez une bouteille d'eau pour rester hydraté... Et allez-y ! C'est un exercice idéal à pratiquer le matin ou le soir quand le soleil n'est pas trop fort, et une habitude facile à prendre. Votre corps la réclamera...

Je médite

Aujourd'hui, en Occident, la méditation n'est plus perçue comme une pratique vaguement ésotérique, ou liée uniquement aux traditions et aux sagesses asiatiques. Techniquement, cet exercice consiste à faire le vide total en soi — en inspirant et en relâchant l'air de ses poumons — pour se concentrer sur ce qui passe à l'intérieur de son corps. Comme s'il s'agissait d'écouter fonctionner notre organisme. Cette concentration nous aide à faire abstraction du stress, à chasser de notre esprit les émotions et les idées qui l'encombrent. Le but ? Relâcher les tensions, bien sûr, mais aussi entraîner notre cerveau, de la même façon que l'on peut renforcer ses muscles avec de la gymnastique.

Depuis quelques années, de nombreuses études menées par des neurologues en ont prouvé les bénéfices : la méditation permet de changer littéralement notre morphologie cérébrale et peut avoir ainsi, par extension, un impact réel sur les maladies et le vieillissement. Ces découvertes valident scientifiquement un pouvoir connu depuis des siècles en Inde et dans les pays bouddhistes.

Des scientifiques ont d'ailleurs étudié le cerveau de moines tibétains en cours de méditation. Ils ont pu constater les mouvements de certaines zones d'activité cérébrale dans la région du cortex (le siège des émotions positives), ainsi qu'une production accrue d'ondes gamma, qui témoignent d'une intense activité neuronale et mentale. Ces observations confirment que le cerveau n'est pas une « masse » immuable, comme on l'a longtemps pensé, mais qu'il change et se modèle en fonction de nos expériences, de nos apprentissages et de nos émotions, de la même manière que, chez un aveugle, les sens évoluent avec l'apparition de nouveaux circuits qui développent les capacités auditives.

Pour arriver à modifier ainsi les capacités cérébrales, la méditation demande bien sûr un entraînement et une pratique régulière ; 10 minutes par jour suffisent, en respectant des rythmes de respiration précis et des méthodes variées dont vous pouvez trouver le détail dans de nombreux manuels techniques.

Outre les bienfaits immédiats comme la baisse du stress et l'amélioration de l'humeur, la science a montré d'autres effets de la méditation :

- un meilleur contrôle de la pression sanguine ;
- une amélioration de la fonction cardiaque ;
- une diminution des symptômes de certaines maladies cutanées (psoriasis et eczéma) ;
- un soulagement de la douleur ;
- une hausse des capacités d'attention et de concentration ;
- un ralentissement du vieillissement ;
- une baisse des symptômes des maladies gastro-intestinales comme le syndrome du côlon irritable ou la maladie de Crohn ;
- un renforcement général du système immunitaire.

En somme, en renforçant les capacités du cerveau, la méditation renforce aussi son pouvoir de commander et d'organiser la paix dans notre corps. Cette méthode simple, gratuite, est accessible à tout le monde, même aux enfants. Elle ne demande au début qu'un peu de motivation pour vous extraire au moins 10 minutes de vos activités et de vos pensées en cours. Rien d'insurmontable au regard de ses multiples bénéfices pour votre bien-être et votre santé !

11 réflexes santé pour prendre soin de soi jour après jour

➡ 1. Je bannis...

- Absolument tous les produits raffinés, ceux que l'on nomme les « poisons blancs » : riz blanc, sucre raffiné, pâtes et pain à base de farine blanche...
- Les aliments transformés industriellement. Ils comportent tout ce que notre organisme ne peut pas traiter et qu'il doit stocker, ce qui fait qu'il s'encrasse et s'intoxique : additifs chimiques, colorants, pesticides, matières grasses trans et excès de sucre, de sel et de gras.

Une règle simple : évitez tous les produits dont les étiquettes mentionnent des édulcorants (saccharine, polyols, aspartame, sirop industriel de glucose-fructose...) qui entretiennent le goût du sucre.

➡ 2. Je limite au maximum...

Les excitants : café, thé à forte teneur en théine (thé noir, fermenté), chocolat, alcools, viande, surtout rouge. Ils surmènent le système digestif, d'autant plus s'ils sont associés... Mélangés à des aliments raffinés, le café, le thé, les alcools forment avec les sucs digestifs une sorte de colle dans l'estomac qui entrave le processus digestif.

➡ 3. J'adopte les super-aliments

L'eau, élément capital de notre santé

Mieux vaut choisir des eaux pures, peu minéralisées et variées pour en boire chaque jour 1,5 litre, de préférence entre les repas.

Les bonnes huiles

Bonnes parce qu'elles sont vierges, de première pression à froid et issues de l'agriculture biologique. Elles participent à la bonne santé de notre organisme riche en lipides : ils constituent 50 % de notre masse cérébrale et 70 % de notre système nerveux.

Les jus de légumes et de fruits frais

Idéalement passés à l'extracteur, ce sont des concentrés de minéraux très utiles à notre équilibre physiologique, et vite assimilables ; 15 minutes seulement pour un jus frais à jeun le matin ou en début de repas…

Leurs saveurs peuvent être rehaussées avec un condiment (gingembre, coriandre…) et leurs propriétés améliorées avec un adjuvant. Par exemple, un peu d'huile ajoutée à un jus de carotte favorise l'assimilation de la vitamine A, présente dans le bêta-carotène. De manière générale, l'association d'un légume racine, d'un légume feuille et d'un fruit augmente les potentialités de chacun. Des exemples : la carotte, les épinards et la pomme.

Le jus d'herbe de blé

Puissant détoxifiant sanguin, dynamisant, le jus d'herbe de blé est le seul complément alimentaire qui contient tous les minéraux essentiels à notre organisme. C'est aussi un gros pourvoyeur d'enzymes, alliées précieuses de notre système intestinal. Prendre 1 à 2 cuillerées à café par jour, diluées dans un verre d'eau ou un jus de légumes, une vingtaine de minutes avant le repas.

Les légumes lactofermentés

Recouvrez des légumes de sel et d'eau, enfermez dans un récipient sans air et attendez la fermentation. C'est le principe de la choucroute. Le sel se transforme en acide lactique qui va nourrir les bactéries intestinales. Celles-ci participent activement à la digestion, à l'assimilation des nutriments et à notre immunité.

Les graines germées de toutes sortes

Parce qu'elles sont à la fois gustatives et bourrées d'acides aminés.

Le pollen frais

Un super-aliment, hautement énergétique, dont des cures à l'entrée de l'hiver boostent les défenses immunitaires. Aliment protéiné de la ruche, le pollen, naturellement riche en vitamine B, est doté de substances antioxydantes et contient tous les acides aminés essentiels. L'une des meilleures façons de le consommer est de l'ajouter à une compote, dans votre jus du matin ou dans une salade, à raison d'une bonne cuillerée à soupe par jour. Les magasins biologiques proposent des pollens de bonne qualité dans leurs rayons congélation.

➡ 4. J'apprends à bien cuire mes aliments

La cuisson à basse température conserve au maximum les propriétés nutritionnelles.

Ainsi, en dessous de 42 °C, les enzymes de l'aliment sont préservées et leur action vous aidera à le digérer sans avoir à solliciter vos propres enzymes. Votre capital enzymatique sera ainsi épargné. En revanche, les cuissons à haute température vous obligent à puiser de nouvelles enzymes dans les réserves de votre propre organisme. La digestion en est alors plus compliquée, et vous tolérerez plus difficilement certains types d'aliments.

De la même façon, une température de cuisson modérée sauvegarde les vitamines et les minéraux : en dessous de 60 °C pour les vitamines dites hydrosolubles, du groupe B et C ; en dessous de 90 °C pour les vitamines dites liposolubles, des groupes A, D, E, K ; et enfin en dessous de 180 °C pour les minéraux.

Vitamines et minéraux sont dits « essentiels » quand l'organisme ne peut les fabriquer lui-même. Or ils ont des rôles cruciaux dans l'organisme : ils travaillent avec les enzymes et mènent des actions antioxydantes et hormonales. Mieux vaut donc les préserver.

➡ 5. Un jour de repos digestif par semaine !

C'est une nécessité majeure pour mettre l'intestin au repos. Vous pouvez par exemple remplacer le dîner du dimanche soir par une monodiète ou un mini-jeûne (jus filtrés et bouillon de légumes) et prolonger ce repos intestinal jusqu'au lundi soir où un repas léger vous attendra. Pratiqué chaque semaine, cet allégement alimentaire est une excellente façon de restaurer la vitalité de vos intestins et d'habituer votre corps à aimer le bien-être qu'il procure.

Si vous optez pour la monodiète, adaptez-la aux saisons : pomme ou raisin en automne, riz en hiver, melons ou pêches en été...

Commencez toujours votre monodiète un soir, car, en l'entamant le matin, vous risquez de craquer pour un dîner roboratif le soir suivant si vous avez eu une journée fatigante.

➡ 6. Je m'autorise des écarts...

Très important pour que l'organisme conserve ses réflexes d'adaptation. Le premier écart est d'ailleurs prévu dans le planning de nos curistes dès le deuxième week-end. Allez-y doucement quand même pour ne pas vous rendre malade. Le matin, tentez un café, à midi un poisson grillé et un gâteau au dessert.

Pour équilibrer de façon cohérente les phases entre alimentation saine et écarts, appliquez la méthode des 80/20 : 80 % de repas sains et 20 % de relâche sur les aliments moins diététiques qui vous font plaisir.

➡ 7. Je ne sature pas mon estomac

« Remplir l'estomac aux deux tiers et laisser un tiers libre pour l'esprit », dit un proverbe soufi. Autrement dit, manger ne doit pas être un acte mécanique. Les repas pris à deux, en famille ou avec des amis sont avant tout des moments sociaux, dont le but n'est pas seulement de se remplir l'estomac. Quant aux repas pris solitairement, ils peuvent être aussi des moments de pause et de réflexion. Ne vous inquiétez pas de la sensation de faim qui vous gagne après une première mise en bouche et qui appelle trop souvent un retour immédiat vers votre assiette. Elle se dissipe en général en quelques minutes. Si vous allez trop vite, votre transit intestinal sera alourdi, avec une fatigue conséquente. Prenez le temps de déguster et de mâcher lentement, quitte à reposer vos couverts pour vous intéresser aux conversations ambiantes. La convivialité est l'un des facteurs qui ont longtemps préservé les Français de la pandémie d'obésité qui frappe tous les pays où l'on mange mécaniquement.

➡ 8. Je prends le cru au début...

Commencer un repas par les aliments crus permet de réveiller les enzymes digestives et d'optimiser la digestion. Ne consommez pas de fruits en fin de repas, car ils sont longs à digérer et fermentent dans l'intestin en attendant d'être traités par l'organisme. Deux fruits font exception à cette règle, l'ananas et la papaye, excellents pour activer le processus digestif.

➡ 9. Je mange tôt et léger

Afin de permettre un vrai temps de jeûne à l'organisme. Idéalement, nous devrions avoir au moins 12 heures de repos digestif entre le repas du soir et celui du petit déjeuner, qui signifie littéralement « rupture du jeûne ». Ces « heures creuses » assurent à l'organisme le temps d'assimiler et d'éliminer. Si vous mangez trop le soir, sautez le petit déjeuner pour respecter ce temps digestif.

➡ 10. J'adopte une activité physique quotidienne

Ne serait-ce que 20 minutes de marche par jour ! Avoir une activité physique régulière soulage la dépression et la fatigue mentale, maintient le contrôle du poids, renforce jambes, hanches et cuisses, réduit les douleurs lombaires, améliore la pression artérielle, limite les maladies chroniques, diminue les risques de maladies cardiaques, de cancer du côlon et de maladie d'Alzheimer... Ne vous en privez pas !

➡ 11. Je cultive mon bonheur

En me déconnectant pendant un jour, un week-end, et surtout les vacances, de la routine familiale, du travail, des habitudes et des technologies chronophages. Pas de smartphone, d'ordinateur ou de réseaux sociaux pour mieux vous reconnecter à vous-même.

Nous avons vu les multiples aliments à prendre et les comportements à observer pour soigner vos intestins et votre corps jour après jour. Mais si la douleur et la fatigue vous rappellent quotidiennement ou ponctuellement que votre ventre a besoin d'être apaisé, c'est qu'une cure de détox régulière est nécessaire. Elle doit aussi faire partie de vos nouvelles habitudes. En vous soumettant aux monodiètes et aux différents jeûnes (d'une journée ou d'une semaine), vous allez acquérir très rapidement les techniques de soins du système digestif. Elles lui garantiront une vitalité à long terme et vous rendront autonome : vous saurez comment mettre naturellement vos intestins au repos.

Partie III

Et de temps en temps, je mets mes intestins au repos

Quizz détox : êtes-vous prêt pour une cure ?

Vous vous sentez en forme et vous aimeriez prolonger cet état le plus longtemps possible, ou, au contraire, vous commencez à vous inquiéter pour votre santé.

Vous accumulez la fatigue et les kilos en trop. Vous digérez difficilement. Vous dormez mal. Vous savez que votre rythme de vie vous empêche de prendre réellement soin de vous. Le stress vous pousse à manger trop vite et trop gras. Vous ne trouvez ni le temps ni l'énergie pour pratiquer une activité physique. Vous n'arrivez pas à tenir un régime. Vous avez envie de remédier profondément et en douceur à ces maux qui vous affaiblissent jour après jour. Vous souhaitez une pause qui reposera vos intestins et tout votre organisme.

Mais, entre les prescriptions de la médecine classique, les conseils des nutritionnistes et l'avis des diététiciens, vous ne savez pas ce qu'il vous faut. Un jour de repos intestinal ? Une monodiète ? Un jeûne ? Pour commencer à y voir clair et trouver la formule de détox qui vous conviendra le mieux, répondez le plus précisément possible au questionnaire suivant :

1. Estimez votre niveau de vitalité.
Comment vous sentez-vous ?

A. en pleine forme
B. à peu près en forme
C. fatigué

2. De combien de temps libre disposez-vous pour une cure ?

A. une semaine
B. quelques jours
C. un week-end ✓

3. Vos contraintes sont :

A. amicales
B. familiales
C. professionnelles /

4. Vous aimez grignoter :

A. un peu /
B. beaucoup
C. passionnément

5. À quelle fréquence buvez-vous du café ?

A. occasionnellement
B. une fois par jour
C. plusieurs fois par jour /

6. À quelle fréquence mangez-vous de la viande rouge ?

A. une fois par mois /
B. deux fois par semaine
C. tous les jours

7. À quelle fréquence allez-vous à la selle ?

A. tous les jours /
B. une fois tous les deux jours
C. une fois par semaine

8. Évaluez votre niveau de stress :

A. 3/10

B. 6/10

C. 9/10

9. Vous êtes plutôt :

A. tempéré

B. réchauffé

C. frileux

10. Vous fumez...

A. pas du tout

B. un peu

C. beaucoup

11. Vous arrive-t-il d'avoir des migraines et, si oui, à quelle fréquence ?

A. jamais

B. de temps en temps

C. souvent

12. Vous pouvez dire que vous avez :

A. une santé sans souci

B. des petits ennuis passagers

C. des problèmes récurrents

13. En ce moment, vous prenez :

A. de l'homéopathie

B. des compléments alimentaires

C. des médicaments

Vous avez un maximum de C.

Vous êtes prêt à commencer une détox en douceur avec une journée de repos digestif. Un jour par mois ou par semaine, vous pouvez mettre votre intestin à jeun ou ne lui offrir qu'un seul aliment léger à digérer. La régularité de cette pratique lui offrira un calme bienfaisant et l'habituera peu à peu à un changement de rythme.

Vous avez un maximum de B.

Vous pouvez tenter la monodiète. Pendant trois jours et jusqu'à une semaine, vous ne mangerez qu'un aliment (la pomme par exemple) que vous pourrez consommer sous diverses formes (crue, au four, en compote, en jus...). Une cure idéale pour contrer les effets des excès alimentaires... et pour tonifier l'organisme. Il bénéficiera de toute l'énergie qu'il ne dépensera plus à digérer.

Vous avez un maximum de A.

Vous devriez essayer le jeûne d'une semaine ou plus. Le jeûne demande une préparation précise. Il ne propose pas qu'un allégement ponctuel du travail intestinal, mais engage une véritable réflexion sur votre mode de vie. Il vous apprendra à prendre soin de votre organisme. Il vous entraînera à changer vos habitudes alimentaires et à rompre avec vos comportements sédentaires. C'est un programme de santé et de bien-être aux effets durables.

ATTENTION

Avant de vous lancer dans l'une ou l'autre de ces cures, consultez votre médecin ou un naturopathe afin de choisir précisément les soins qui seront les plus adaptés à votre organisme. Il est important de ne pas risquer une contre-indication.

Ce questionnaire n'est pas là pour distribuer des points, mais plutôt pour brosser les traits de votre état à un instant T sur une échelle de temps par rapport au changement.

Une cure doit s'adapter aux besoins et aux possibilités de chacun, il ne s'agit pas de trouver la solution miracle pour tous, mais la meilleure solution pour chaque personne. Aussi, ne vous inquiétez pas si le jeûne ne vous est pas conseillé aujourd'hui, votre corps n'est pas forcément prêt. Il vous faut prendre les étapes les unes après les autres. Une cure végétale peut être la méthode qui vous convient pour initier un processus. Ne mettez pas la barre trop haut, prenez le temps de vous familiariser avec quelques nouvelles habitudes alimentaires et faites vos expériences de cure détox progressivement. Le mieux est ici bel et bien l'ennemi du bien.

La détox ? Tout un programme !

Détox. Le mot est à la mode. Mais il ne se limite pas aux produits vendus sous cette appellation par l'industrie cosmétique. Pour les naturopathes, il s'agit d'abord d'un programme holistique. C'est-à-dire un programme qui prend en compte toutes les dimensions de la personne humaine : psychoémotionnelle, biologique, physique, voire spirituelle. Tous ces éléments sont si inextricablement liés et dépendants les uns des autres qu'ils forment le seul socle solide sur lequel un bien-être durable peut prospérer. N'en traiter qu'un seul à la fois, comme le proposent souvent les produits détox, reviendrait à fragiliser tout l'édifice.

En effet, comment convaincre un individu épuisé par le stress de modifier son comportement alimentaire de façon rigoureuse, quand il a l'habitude de compenser son mal-être par un grignotage jouissif ? S'il n'apprend pas à gérer son stress en même temps qu'il contrôle ses repas, il abandonnera son régime au premier coup de pression ! De même, une personne en surpoids peut-elle sérieusement affiner sa silhouette si elle ne pratique pas d'exercice ?

Nous avons décrit le cercle vicieux qui peut terriblement altérer notre santé. Nous avons aussi détaillé le cercle vertueux qui peut la restaurer. La détox n'a d'autre but que de lancer cette dynamique positive, et d'en susciter l'envie et le besoin pour la faire durer.

Par ailleurs, il n'est nul besoin d'être souffrant pour se lancer dans une cure, puisque nous parlons ici d'un programme préventif. Elle propose à chacun d'étudier des techniques adaptées à sa personnalité, afin qu'il puisse les mettre en œuvre tout au long de sa vie et se préserver durablement. C'est une véritable « mise au vert » de l'organisme qu'il ne tient qu'à nous de prolonger et de rendre permanente.

Une cure exige une disponibilité complète du corps et de l'esprit. Vous ne pouvez donc la commencer que lorsque vos agendas vous le permettent. Cependant, il reste plus facile de s'y engager pendant les grands changements de saison, à l'automne et au printemps. Car, comme la nature, nos organismes répondent aux modifications du temps et des températures.

La médecine traditionnelle chinoise a depuis longtemps identifié ces altérations et engage à préparer nos organes à ces grands mouvements. À l'automne, la nature s'éteint. Le soleil commence à pâlir, les jours raccourcissent et l'énergie faiblit. Nous nous apprêtons à moins bouger pendant les mois qui suivent. L'organisme commence à s'encrasser. Les toxines s'accumulent et la volonté ou la possibilité de les évacuer diminuent avec l'installation du froid. Si le système immunitaire — dont l'intestin est l'un des organes majeurs — n'a pas été renforcé avant, l'hiver s'annonce difficile à supporter et la fatigue culminera en février. Le début de l'automne est donc idéal pour mettre ses intestins au repos.

Au printemps, après l'intoxination hivernale, notre corps réclame un nettoyage. La médecine traditionnelle chinoise préconise de soigner tout particulièrement à ce moment-là le foie et la vésicule biliaire. C'est donc aussi un moment privilégié pour réduire votre alimentation.

Outre le choix judicieux de vos périodes de cure, la détox demande une prise de conscience préalable. Si vous voulez qu'elle déploie toute son efficacité, il faut la prendre pour ce qu'elle est : une méthode de soins complète qui bénéficiera à vos intestins, mais agira aussi sur la qualité de votre sommeil, de votre circulation sanguine, de vos articulations, de votre immunité et de votre moral. Il ne faut donc pas la considérer comme un simple moyen de réparer ponctuellement des excès alimentaires que vous seriez prêt à réitérer dès que l'occasion se présentera. La détox n'est ni un simple régime amaigrissant ni une discipline de nutrition. C'est un programme de vie, durable et adapté. Elle vous propose différentes étapes : simple journée de repos digestif, monodiète de quelques jours, jeûne prolongé et encadré. À vous de choisir les formes et les modalités qui vous conviendront le mieux...

La journée de repos digestif

Ce premier pas dans la détox a des effets particulièrement positifs. D'une part, parce que vous en sentirez immédiatement les bénéfices sur vos intestins. D'autre part, parce que la facilité avec laquelle vous aurez franchi cette étape initiale vous donnera très vite l'envie de la réitérer. Vous verrez : le repos digestif d'une journée est une excellente habitude à prendre !

Aujourd'hui, alors que nous vivons dans un monde de surproduction, l'organisme peut en sortir renforcé. Il s'agit de lui apprendre à retrouver un équilibre après avoir été trop rempli.

Comment procéder ?

Commencez de préférence un soir en supprimant le dîner, et terminez le lendemain soir avec un dîner léger. Entamer un jeûne digestif le matin est plus risqué. Après une journée de travail sans déjeuner, les moins persévérants trouveront trop difficile de tenir jusqu'au lendemain matin sans craquer. Autant mettre toutes les chances de votre côté afin de réussir une première fois ces 24 heures de diète. Le succès vous aidera à vous y lancer une deuxième fois, puis une troisième, jusqu'à ce que cette expérience se transforme en réflexe mensuel ou hebdomadaire.

Personnellement, je commence le dimanche soir après une journée bien nourrie : un petit déjeuner aux allures de brunch et un déjeuner assez tardif. Si, de plus, il y a eu quelques écarts en début de week-end, il n'est pas étonnant de ne pas avoir grand appétit pour le dîner dominical. Le début de la diète n'en est que plus aisé.

Attention

La journée de mise au repos intestinal n'est pas forcément une journée de jeûne total. Vous pouvez vous offrir une monodiète tout aussi bénéfique, à condition de n'avaler qu'un seul et même aliment au cours de vos repas.

Quelle que soit la formule ou quel que soit l'aliment que vous choisissez, retenez toutefois que le premier vrai repas que vous prendrez après ces 24 heures de repos digestif doit être léger, de façon à en prolonger les effets et à ne pas faire subir un choc trop brutal à vos intestins. Une soupe et une salade conviennent donc parfaitement.

Une autre formule, le jeûne séquentiel, un jeûne accessible à tous

Évoqué dans le dernier livre du Dr Saldmann[1], le jeûne séquentiel consiste à jeûner une fois par semaine, de manière raisonnable, sans danger pour la santé, pour offrir une pause à son organisme.

En pratique : une fois par semaine, on arrête de manger à partir de 20 heures ou 21 heures et on recommence à manger normalement le lendemain à 13 heures.

On pense à boire beaucoup d'eau, de tisanes, de thés, toujours sans sucres ajoutés.

On peut adapter le jeûne : si vous vous sentez bien à 13 heures le lendemain, vous pouvez le prolonger et réaliser alors un jour de repos digestif complet sur 24 heures.

Toutes les personnes en bonne santé et qui veulent le rester peuvent pratiquer ce jeûne séquentiel sans danger.

CONTRE-INDICATION

Il est uniquement contre-indiqué pour les personnes sujettes à l'hypoglycémie, ou qui suivent un traitement médicamenteux — dans ce cas, demandez conseil à votre médecin.

Ne plus manger pendant une dizaine d'heures permet une meilleure élimination des déchets, une possibilité de remettre les compteurs à zéro, de donner des vacances à son organisme et à ses intestins !

En plus de contribuer à booster nos défenses immunitaires, ce jeûne procure de nombreux bénéfices. On observe une réduction de la fatigue, un gain de tonus dans la journée, et ça se voit sur notre visage : le teint est plus clair.

On pourra aussi apercevoir dans le temps une diminution de la fréquence des allergies, de l'asthme et des rhumatismes.

Des études réalisées par le Pr Valter Longo[2] sur des souris en Floride démontrent que le jeûne séquentiel permet une diminution de 20 % des cancers, notamment en renforçant le système immunitaire, et qu'il augmente la sécrétion naturelle de sirtuines, des protéines enzymatiques antivieillissement qui jouent un rôle dans la lutte contre l'inflammation, le diabète et les cancers.

La monodiète

La monodiète consiste à ne plus manger qu'un seul et même aliment à chaque repas pour restaurer les intestins, surtout après des écarts trop importants. Ce régime allège évidemment leur travail puisqu'ils n'ont plus à traiter qu'un seul aliment au lieu de cinq ou six, voire plus, au cours d'un déjeuner ou dîner. L'amoindrissement de l'effort permet au corps d'économiser une énergie qui peut être employée ailleurs. C'est une des raisons pour lesquelles vous vous sentirez très dynamique en période de monodiète, une fois passés les premiers jours de mise en place.

Vous constaterez aussi que vous vous allégez. Le processus est logique : puisque l'alimentation en monodiète réduit l'apport en calories de façon conséquente, l'organisme doit puiser dans ses propres réserves de carburant pour soutenir le corps... Il brûle ainsi la graisse qui s'y est installée, et vous verrez votre silhouette s'affiner. C'est le meilleur moyen d'entretenir une perte de poids à long terme. Ne vous inquiétez pas, il ne s'agit pas pour autant d'une discipline ascétique difficile. Si cette monodiète est aussi appelée « détox douceur », c'est qu'elle propose un travail beaucoup plus doux et progressif que le jeûne. De plus, lorsque cette monodiète s'étend sur plusieurs journées (une semaine par exemple), l'envie de moins manger s'installe naturellement, sans effort particulier, ne serait-ce que parce que vous vous lasserez progressivement de la monotonie des repas, toujours composés du même aliment ! Cette diminution de l'appétit vous rapprochera insensiblement de l'état du jeûne.

Une monodiète de trois jours est facile à mettre en œuvre chez soi. C'est d'ailleurs l'un de ses intérêts majeurs. Elle sera aussi plus bénéfique qu'un long régime si vous la renouvelez régulièrement.

Une monodiète d'un jour par semaine est encore plus aisée. Elle convient parfaitement à toutes les personnes souvent sollicitées par des repas d'affaires ou contraintes à des déplacements qui les empêchent de s'alimenter correctement. Elle est aussi idéale pour rééquilibrer l'organisme après des écarts ponctuels, comme ceux auxquels nous pouvons nous laisser aller pendant les week-ends ou les fêtes.

La monodiète, comme le repos digestif d'un jour, peut être observée régulièrement, au rythme d'une fois par semaine. Les monodiètes qui durent deux ou trois jours peuvent être réitérées tous les mois. En revanche, si vous êtes néophyte, il ne vous est pas conseillé de faire plus de deux monodiètes de cinq jours par an. Rien ne sert de mettre la barre trop haut trop vite. Votre corps pourrait surréagir brusquement à des efforts trop intenses et vous pourriez avoir envie de manger plus que de coutume pour compenser après chaque cure. Il faut avant tout que vous respectiez votre propre rythme. Lui seul peut vous permettre d'habituer progressivement votre organisme à cette pratique.

En amont, assurez-vous d'être psychologiquement disponible, dans un moment et un lieu sans pression, débarrassé de trop de soucis personnels et de contraintes professionnelles ou familiales. Évitez aussi de vous dire que vous vous apprêtez à traverser une épreuve redoutable ! Envisagez plutôt l'incroyable bien-être qui apparaîtra très vite. Enfin, faites-vous plaisir en vous décidant pour un aliment dont vous raffolez ou que vous souhaitez découvrir.

L'idéal est de le choisir en fonction des saisons afin de respecter l'équilibre de la nature. Par exemple, raisin à l'automne, melon en été et riz en hiver, puisqu'il est réchauffant et tient bien au ventre.

Une autre considération doit présider à votre choix : en monodiète, préférez l'aliment dont les caractéristiques peuvent remédier à vos problèmes spécifiques. Voici quelques exemples…

➡ La monodiète de pomme

C'est la plus facile et la plus conseillée, car ce fruit peut être consommé facilement et préparé de multiples façons. Une pomme peut être mangée crue, râpée, cuite au four, en compote ou en jus et parfumée d'un peu de vanille ou de cannelle. Ses qualités en font aussi un véritable remède : elle est rassasiante, antioxydante, drainante, elle stimule les fonctions hépatiques et possède des vertus anticholestérol et antirhumatismales. La pomme est également un bon protecteur gastrique et un régulateur du système intestinal. Autant de vertus qui lui valent un fameux dicton anglais : *An apple a day keeps the doctor away*…

La monodiète de pomme peut se pratiquer sur 1 à 10 jours. Il faut choisir des pommes douces et surtout pas acides. Préférez celles qui sont issues de l'agriculture biologique et consommez-en entre 1,5 et 3 kg par jour.

CONTRE-INDICATION

Une seule contre-indication majeure : la colite aiguë. Si vous en souffrez, la monodiète de pomme n'est pas pour vous !

➡ La monodiète de raisin

Elle offre une vraie cure de rajeunissement à l'organisme, puisque le raisin est à lui seul un véritable cocktail de sels minéraux bons pour la santé. Il est très riche en fer, en sélénium, en magnésium, en zinc ainsi qu'en potassium, excellent pour réduire la pression artérielle. Le raisin est aussi un dépuratif sanguin et un fruit diurétique et drainant qui stimule nos émonctoires. Il contribue à l'élimination des graisses incrustées et il est doté d'une proportion importante de fibres qui permettent de purifier les intestins.

CONTRE-INDICATION

Attention : en raison d'un taux trop élevé de sucre, la monodiète de raisin est contre-indiquée pour les personnes atteintes d'un diabète insulinodépendant.

Il présente moins de variétés de préparations que la pomme, mais il bénéficie de la même facilité d'emploi. Vous pouvez en avoir partout avec vous, à la maison comme au bureau. Mangez-en toutes les 2 ou 3 heures, entre 1 et 2,5 kg par jour. Tant qu'à vous satisfaire d'un seul produit, autant le choisir de bonne qualité et vierge de pesticides. Préférez donc le raisin bio, non acide, et en sa saison, l'automne. Les variétés recommandées sont le chasselas (blanc) en raison de la finesse de sa peau et de sa teneur en sucre équilibrée, en alternance avec le muscat (blanc ou noir).

➡ La monodiète de melon

Elle est idéale en été, puisque le melon, fruit de saison, est aussi très rafraîchissant et désaltérant. En plus d'être savoureux, il offre une excellente source de vitamines, en particulier de provitamine A antioxydante, d'oligoéléments et de fibres. Son faible apport calorique ne peut pas vous faire grossir. En revanche, sa grande quantité d'eau – elle compose 90 % du fruit – vous promet un bon nettoyage du foie, de la vésicule biliaire et des reins.

Consommez un melon bio raisonnablement mûr par repas.

➡ La monodiète de riz

Le riz est un aliment majeur des régimes macrobiotiques qui estiment que dix jours de riz complet permettent de régénérer et de nettoyer tout notre sang ainsi que nos tissus.

CONTRE-INDICATION

Veillez cependant à ne pas être constipé en vous lançant dans cette monodiète, ou accompagnez-la de purge. La prise de sel de Nigari le matin peut se révéler être une méthode salutaire.

La monodiète de riz est une cure aisée à réaliser pendant l'hiver, et vous pouvez varier les préparations. Le matin par exemple, vous pouvez réaliser un riz au lait avec le seul lait de riz. Vous pouvez en consommer à satiété lors des repas, accommodé d'huile d'olive et d'un filet de citron.

➡ La monodiète de jus frais

C'est une cure facile à suivre pour une journée de repos digestif hebdomadaire. Un jus frais a les propriétés d'un véritable super-aliment, car il contient plus de légumes ou de fruits que nous ne pourrions en consommer pris séparément. Il présente des quantités très importantes de vitamines, minéraux, enzymes et antioxydants, assimilables par l'organisme en moins de 15 minutes. Vous pouvez donc en consommer peu, entre 3 et 5 verres quotidiens. Réalisez-les à l'extracteur à partir de fruits frais et buvez-les rapidement pour éviter l'oxydation, ou arrêtez-vous dans les bars à jus. Préférez aussi les jus de légumes à ceux de fruits. Vous y découvrirez une variété étonnante et des goûts surprenants qui accroîtront le plaisir de la monodiète : épinards, gingembre, ail…

Les diètes alternatives : trois exemples

Les diètes peuvent aussi réguler votre organisme en supprimant drastiquement et de façon ciblée les aliments qui nuisent à votre équilibre organique.

➡ Une semaine sans sucre ni gluten

Il ne s'agit pas cette fois de réduire vos repas à un seul aliment. Vous pouvez continuer à varier vos plats, mais en y apportant un contrôle accru. Lisez les étiquetages. Tous les produits qui sont fabriqués à base de céréales riches en gluten (le pain et les pâtes, par exemple) doivent être remplacés par du riz, du sarrasin ou du quinoa. Tous ceux qui contiennent du sucre — une grande majorité — sont évidemment à bannir. Vous ressentirez immédiatement les bénéfices de ces seuls changements alimentaires : la digestion sera facilitée et vous vous sentirez envahi d'une grande sensation de vitalité.

À titre de précaution, soyez tout de même attentif à vos possibles réactions à la désaccoutumance. Le sucre joue en effet pour certains le rôle d'une vraie « drogue ». Si votre niveau d'addiction est élevé, commencez ce régime par une seule journée sans adjonction de sucre. En la répétant régulièrement, votre organisme prendra l'habitude de s'en passer et vous pourrez prolonger la diète pendant la semaine sans avoir envie de craquer et de vous ruer sur des bonbons.

➡ Une semaine végétale

Le végétarisme vous tente, mais vous ne savez pas comment vous y prendre ? Vous êtes simplement curieux de savoir comment résistera votre organisme si vous le privez de viande ? La semaine végétale, véritable mise au vert des intestins, est simple à instaurer. Ce régime diététique n'autorise que les légumes et les fruits, mais les accommode des façons les plus variées possibles afin de nourrir autant votre corps que vos sens. Seuls impératifs : les ingrédients doivent être 100 % bio et ne contenir ni sel, ni gluten, ni soja. Cette courte diète sera bénéfique à vos intestins — la digestion sera grandement facilitée —, mais aussi à vos problèmes de poids — elle vous délestera de quelques kilos — ainsi qu'à votre forme générale. Votre vitalité en sera boostée !

Un conseil : pour profiter pleinement de cette semaine végétale, tenez un journal de bord. Vous y noterez les impressions ressenties jour après jour et les recettes préparées. C'est une façon de comprendre comment les aliments peuvent précisément influer sur votre organisme et votre bien-être.

➡ Le régime cétogène

Il repose sur un principe simple : une consommation très limitée en sucre et très riche en graisse. « La diète cétogène, c'est beaucoup de lipides, quelques protéines et très peu de glucides », résume Magali Walkowicz[3].

Notre corps produit naturellement du glucose à partir des protéines et des graisses présentes dans notre organisme, il n'est donc pas nécessaire d'en consommer en surplus. En suivant ce régime, le foie se met à produire de petites molécules, appelées cétones, qui deviennent source d'énergie pour l'organisme. Le corps ne carbure donc plus au glucose mais grâce à ces cétones, un régime qui provoque les mêmes effets que le jeûne !

Au cours du jeûne, le taux de glucose dans le sang diminue (hypoglycémie). Le glucose est le nutriment majeur des muscles, mais surtout du cerveau. Le corps s'adapte à la privation de nourriture (et donc de glucose) en mobilisant ses réserves d'énergie : il puise dans les graisses que le foie transforme en corps cétoniques. Lors d'un jeûne, les corps cétoniques sont produits en assez grande quantité ; après trois jours de jeûne, l'énergie au niveau des neurones provient pour un tiers des corps cétoniques.

Mis au point en 1921 par le Dr Russell Wilder (Mayo Clinic, Minnesota), ce régime, réputé pour ses effets anticonvulsants, a d'abord été utilisé pour soigner les enfants atteints d'épilepsie. Ces dernières années, le régime, remis au goût du jour, a démontré ses bienfaits sur la perte de poids. Mais il fait surtout parler de lui pour les vertus thérapeutiques qui lui sont prêtées dans le cadre de certaines maladies chroniques, comme le cancer ou la maladie d'Alzheimer. Il agirait positivement sur ces maladies *via* les cétones qui délivreraient de l'énergie aux cellules saines, dans le cas d'un cancer, ou aux neurones, dans le cas de la maladie d'Alzheimer.

Les bases alimentaires

Le régime repose sur deux catégories d'aliments :

- les graisses, ou lipides, tels que l'huile, l'olive, le beurre, la crème, les noix...
- les protéines, présentes dans la viande, la dinde et le poulet, le poisson, le soja...

« Dans une alimentation normale, les calories proviennent en moyenne pour 50 % des glucides, 35 % des graisses et 15 %

des protéines. Dans le régime cétogène, les calories résultent de 90 % de lipides, 8 % de protéines et 2 % de glucides », explique Magali Walkowicz. En d'autres termes, du point de vue quantité, cela consiste à consommer moins de 50 g de glucides par jour et 3 g de gras pour 1 g de non-gras (les glucides plus les protéines).

Les aliments autorisés

« L'avantage du régime cétogène est d'être gourmand, ce qui permet de varier les plaisirs », assure le Dr Walkowicz. Beaucoup d'aliments sont autorisés, puisque la plupart des légumes ne sont pas bannis de votre assiette (150 g au déjeuner et 150 g au dîner). Les oléagineux tels que les noix, les noisettes, les noix de pécan ou de macadamia, les pistaches, l'arachide... mais aussi la viande, le poisson, les œufs en les agrémentant d'herbes aromatiques par exemple, et même le fromage, qui ne contient pas de sucre, sont également des aliments que vous pouvez accommoder pendant ce régime.

Les aliments à consommer avec modération

Les fruits ne sont pas à exclure, mais leur consommation doit être limitée, car ils sont riches en sucre. En général « on compte 12 g de sucre pour 100 g de fruits ». Dans ces fruits, « les baies rouges telles que les fraises, les myrtilles, les framboises, les groseilles peuvent être consommées à hauteur de 50 g par jour ». À cette liste s'ajoutent « les yaourts qui contiennent naturellement 5 g de lactose, autrement dit, le sucre du lait. Préférez donc les yaourts à la grecque qui sont très gras » donc moins sucrés.

Les aliments prohibés

Il convient d'éviter les féculents, comme le riz ou les pâtes que l'on peut remplacer par des pâtes de konjac. Bien sûr, évitez le sucre de table et les gâteaux.

Quels effets sur la santé ?

La diète cétogène aurait un impact favorable sur les personnes atteintes d'un cancer. Nos cellules saines se nourrissent essentiellement de graisses tandis que les cellules cancéreuses puisent leur énergie dans le sucre que nous consommons. Grâce à ce régime, les tumeurs ont ainsi moins accès au sucre et par conséquent moins d'énergie. De même, cela signifie plus de graisses et donc plus de cétones pour les cellules saines. « Cette diète renforce donc de façon ciblée les parties saines de l'organisme sans bénéficier aux cellules cancéreuses », ajoute Walkowicz.

La maladie d'Alzheimer, elle, a la particularité d'empêcher les neurones d'utiliser le glucose, qui est habituellement leur première source d'énergie. Or, sans énergie, impossible de fonctionner, « d'où l'idée de leur apporter des cétones, donc des graisses, qui vont être utilisées par les cellules cérébrales à la place du sucre ».

Maîtriser son poids

Si le régime cétogène peut être utile pour toutes les personnes souhaitant perdre — ou prendre — du poids, il est impératif de prendre conseil auprès d'un médecin ou d'un diététicien avant de se lancer. Et d'être vigilant ensuite !

Le régime est très bien toléré même si la mise en place de la diète peut causer quelques petits désagréments au début. « Le temps pour que le corps soit céto-adapté, c'est-à-dire qu'il change de carburants, peut durer quelques jours. Les patients peuvent souffrir de maux de tête, de nausées ou de fatigue et c'est précisément la preuve que le régime fonctionne. Les résultats sont là : les bilans sanguins s'améliorent, les fringales ne sont plus présentes et on se sent vraiment mieux. » Autre

CONTRE-INDICATION

Attention, ce régime n'est pas conseillé aux personnes atteintes de diabète de type 1 ou d'une anomalie métabolique concernant l'oxydation des acides gras, ni aux personnes atteintes de déficit respiratoire ou d'insuffisance hépatocellulaire.

avantage : le régime cétogène permet d'éviter l'effet yo-yo... à partir du moment où la personne conserve après le régime une alimentation pauvre en sucres, de type *low-carb*, c'est-à-dire faible en hydrates de carbone et en glucides.

L'arrêt du régime cétogène dépend de votre profil : pour les personnes atteintes de la maladie d'Alzheimer ou de la maladie de Parkinson, il doit être suivi à vie.

Le jeûne : une éthique pour la vie

Quand le corps est chargé d'humeurs impures, faites-lui supporter la faim. Elle dessèche et purifie.

Hippocrate

Le jeûne tient une place particulièrement importante dans les cures que j'anime au Centre de la Pensée Sauvage, que j'ai créé en 2006. Comme les monodiètes courtes, il s'agit d'une démarche holistique qui prend en compte les interrelations entre le corps et l'esprit. Mais, parce qu'il est plus radical, et plus difficile, il s'apparente aussi à un véritable enseignement. Il nous propose une exploration intime de nos besoins et de nos désirs, et une redécouverte de nos corps et de nos sens, une plongée au cœur de nous-mêmes. C'est au prix de la privation que nous pouvons retrouver les valeurs qui donnent du sens à nos vies.

Bien plus qu'un simple régime, le jeûne constitue un véritable programme éthique. Il n'est donc pas étonnant qu'il fasse l'objet de polémiques et qu'il soit encore contesté, surtout en France, par la médecine classique. Certains praticiens estiment qu'il ne sert à rien, d'autres renchérissent en le déclarant dangereux pour la santé. Mais que traduit réellement cette opposition ? N'est-ce pas là une réaction normale de repli face à une révolution ? Car, oui, le jeûne propose bien une approche nouvelle du corps, radicalement différente de celle de la médecine allopathique. Jeûner, c'est accepter l'idée que nos intestins, notre cerveau et tous nos autres organes sont en perpétuel dialogue et que la santé des uns dépend de la santé des autres. Or, telle qu'elle est encore enseignée dans les universités, la médecine dissocie chaque organe et chaque fonction du corps pour les soigner séparément. La promotion du jeûne ressemble pour elle à un affront, et sa popularité grandissante à une critique de son autorité.

Par ailleurs, le jeûne ne fait pas le bonheur des industries agroalimentaire et pharmaceutique. Comment ces deux solides piliers de l'économie pourraient-ils cautionner une pratique qui prône la réduction alimentaire et des soins préventifs, doux et naturels ?

Pourtant, le jeûne continue de faire des émules. Il peut s'associer à d'autres disciplines, comme le yoga ou la méditation. Elles appartiennent à cette même boîte à outils utilisée par toutes celles et ceux qui veulent prendre leur vie et leur santé en main. À l'instar du jeûne, elles sont redécouvertes aujourd'hui par une frange de plus en plus large de la population occidentale.

Jusqu'à cette récente renaissance, le jeûne est resté pendant les deux derniers siècles une pratique confidentielle. Auparavant, les grandes religions l'avaient institutionnalisé sous des formes diverses plus ou moins radicales : jours maigres, carême, ramadan. Il a évolué différemment en s'adaptant aux sociétés. Aujourd'hui par exemple, la rupture du jeûne du ramadan n'est pas pratiquée de la même façon par tous les musulmans. Certains s'offrent un dîner copieux tandis que d'autres se contentent de quelques dattes et d'un lait fruité.

Ces jeûnes traditionnels, même partiels, ressemblent à de véritables programmes de détox. Ils avaient à l'origine plusieurs fonctions essentielles, surtout lorsqu'ils étaient associés à des interdits alimentaires spécifiques. Ils habituaient l'organisme à moins de nourriture afin d'accroître sa résistance au manque.

Cet entraînement des corps était particulièrement nécessaire en des temps où les famines et les disettes n'étaient pas rares et pouvaient se révéler terriblement meurtrières. Quant aux interdits alimentaires, le porc chez les musulmans ou toute viande dans l'hindouisme, ils permettaient aux populations d'échapper aux maladies véhiculées par les mauvaises conditions d'abattage ou de conservation de la viande. Afin d'être respectées, ces règles d'hygiène ont été sacralisées par les religions. Elles ont donc progressivement disparu à mesure que la société se laïcisait...

En Occident, c'est aussi la fin des pénuries alimentaires qui a fait se dissiper le jeûne. À partir du XIXe siècle et de la révolution industrielle, les denrées sont devenues plus abondantes et plus accessibles en Europe. Manger en petite quantité ou se restreindre périodiquement est alors apparu comme un signe de pauvreté, une contrainte dévalorisante. Consommer moins de nourriture est même presque devenu un tabou au XXe siècle, lorsque les pays industrialisés faisaient de leur surabondance alimentaire un critère de suprématie sur le tiers-monde. Aujourd'hui encore, ne pas manger réveille les vieilles peurs de la famine. La privation de nourriture renvoie beaucoup d'entre nous à ces images d'enfants africains faméliques, otages des guerres ou des catastrophes naturelles.

Face à ces drames que nous regardons de loin en jouissant de notre confort et de nos ventres pleins, comment jeûner sereinement ? Pourquoi s'affaiblir volontairement ? Pourquoi se retirer — même provisoirement — de notre société et de ce qu'elle offre ? N'y a-t-il pas quelque chose d'indigne à se passer de repas quand tant d'autres souffrent d'en être privés ? N'est-ce pas là un caprice de riches trop bien nourris ?

La question mérite évidemment d'être posée. Et la réponse est évidente : nous ne sommes plus trop bien nourris, mais trop mal nourris. La surproduction alimentaire n'a pas été accompagnée d'une hausse de la qualité de nos nourritures. Toutes les études sanitaires prouvent qu'une surconsommation de mauvais aliments est aussi mortifère qu'une sous-alimentation chronique. Voilà où nous en sommes.

Heureusement, les consciences se réveillent. Désormais, le jeûne commence à sortir timidement de l'oubli dans lequel il a été plongé. La naturopathie, qui, il y a quinze ans encore, souffrait de son image, trouve de plus en plus de défenseurs. Son message et sa recherche d'une alimentation plus saine et plus contrôlée rejoignent les préoccupations des écologistes, des partisans des médecines douces et de tous ceux et celles qui se préoccupent de leur bien-être et de leur développement personnel.

L'expérience des Russes ou des Allemands, chez qui le jeûne est très pratiqué dans le cadre médical, mais aussi en dehors, commence à être connue en Europe. De mon côté, lors des cures organisées par la « Pensée Sauvage », je vois arriver de plus en plus de chefs et de professionnels de la gastronomie. Outre un repos intestinal personnel, ils viennent y chercher des idées pour privilégier une cuisine qui allie les goûts à la santé. Comme tous ceux que nous recevons dans notre centre, ils repartent chargés d'une vitalité nouvelle et sensible, qu'ils veulent partager autour d'eux ; leurs proches s'en rendent vite compte et demandent à essayer à leur tour. Une expérience de transformation durable et pas seulement sur le plan physique... Êtes-vous prêt à tenter l'aventure ?

Idées reçues sur le jeûne

➡ Jeûner, c'est risquer de tomber dans une secte...

C'est une crainte que l'on voit encore poindre, car il est vrai que la privation de nourriture est un moyen de coercition parfois utilisé par les sectes pour s'assurer la soumission de leurs disciples. Mais attention aux raccourcis. Il existe en France des centres de cure affiliés à la Fédération française de jeûne et de randonnée gérés par des professionnels de la santé reconnus, et ce ne sont pas des sectes !

Les médias commencent à s'intéresser positivement au jeûne, comme en témoigne le superbe documentaire de Sylvie Guilmain et Thierry de Lestrade : *Le Jeûne, une nouvelle thérapie*[1].

➡ Jeûner est dangereux pour la santé

Si la pratique est mal encadrée et si on ne s'y prépare pas bien, oui, jeûner peut être dangereux. Tout comme courir le marathon de New York lorsqu'on n'a jamais fait de jogging de sa vie !

Tout le monde ne peut pas jeûner de la même façon. Un état de santé vacillant ou un manque de réserves graisseuses peuvent être des contre-indications. À titre indicatif, un individu de 1,70 m et de 70 kg possède 40 jours de réserves de graisse. Si, avec la même taille, il pèse 90 kg, la nature l'a normalement pourvu de 100 jours de stock. De quoi tenir un jeûne d'une semaine. Pour vous rassurer, sachez que la préparation d'un jeûne encadré doit comporter un bilan de santé préalable. Un centre sérieux ne peut vous accepter qu'en fonction de l'état de votre organisme !

Par ailleurs, il existe plusieurs types de jeûne, dont certains que je ne conseille pas : les jeûnes hygiénistes qui ne proposent aucune activité physique, ou le jeûne sec qui bannit toute hydratation et ne peut excéder trois jours... sous peine de mort. Un jour de jeûne sec doit toujours être encadré de jeûnes « humides ». Le jour précédent, le jeûneur doit boire de l'eau et des jus filtrés. Le jour suivant, des jus et des bouillons filtrés.

Je prône plutôt pour ma part le jeûne type Buchinger qui intègre l'hydratation tout au long de la cure pour ne pas épuiser l'organisme. Le jeûneur y bénéficie de jus de fruits dilués qui le nourrissent en sucre et en vitamines, et de bouillons de légumes filtrés riches en minéraux. C'est le plus adapté à nos besoins contemporains, nous disposons en effet de moins de réserves minérales que nos ancêtres.

➡ On peut jeûner tout seul

En effet, mais la pratique du jeûne chez soi comporte un risque majeur : celui de craquer et de céder à la tentation qui ruinerait vos efforts. Lors d'une cure, la dynamique de groupe est très importante, car elle vous porte et vous invite à vous dépasser. Par ailleurs, un jeûne encadré par des professionnels vous soulage de toute la logistique (faire vos bouillons et vos jus de légumes et de fruits [si vous ne faites pas de jeûne à l'eau], préparer vos randonnées et surtout vous motiver) et vous offre plus de sécurité : vous ne risquez pas de vous engager dans une diète incontrôlée qui mettrait à mal votre santé. L'obligation de vous préparer et de suivre le programme étape par étape est aussi une condition de succès. Ainsi, à la Pensée Sauvage, nous refusons d'accueillir ceux qui ne se sont pas suffisamment préparés.

➡ Le jeûne stresse l'organisme

Oui, puisqu'il le prive d'apports journaliers de nutriments. C'est pourquoi s'y préparer est essentiel, tout comme il faut aussi respecter les étapes de la reprise alimentaire.

Mais parce qu'il s'inscrit dans une démarche physiologique et psychoémotionnelle, le jeûne nous apprend à gérer ce stress corporel et les mauvais comportements alimentaires qu'il peut générer. Un jeûne bien vécu se vit sans frustration. D'ailleurs, d'après les témoignages postcures que j'ai pu recueillir, quand chacun est invité à rendre compte de son expérience, personne ne parle du « vide » qu'il a supporté et du stress que cela lui a occasionné, mais plutôt du repos émotionnel qu'il a vécu… Certains évoquent même de vraies vacances !

➡ Jeûner, c'est le régime ultime

Jeûne et régimes font perdre du poids, mais contrairement aux régimes, la perte de kilos n'est pas l'objectif spécifique du jeûne. Le jeûne vous engage d'abord dans une réflexion sur la nutrition quotidienne et la nécessité de changer vos habitudes de vie. Ce n'est qu'au prix de cette réflexion que vous pouvez perdre du poids durablement. Il est en cela beaucoup plus efficace qu'une succession de régimes. Ces derniers stressent le corps en réduisant les apports caloriques et nutritionnels, mais ne se préoccupent guère de contrôler les réactions de compensation, qui consistent en général à remplir son assiette.

D'où une reprise de poids et l'effet yo-yo. De plus, un régime de deux à trois mois sera très certainement plus éprouvant pour l'organisme qu'un jeûne d'une semaine bien mené !

Enfin, le jeûne ne promet pas de miracle immédiat. Il s'annonce simplement comme une étape de travail pour un changement en profondeur...

➡ Jeûner soigne toutes sortes de maladies

Penser que le jeûne est un remède miracle pour toutes les maladies est une erreur. C'est une aide précieuse qui, associée à d'autres techniques, peut avoir pour certains des effets plus que salutaires. Le Dr Otto Buchinger en est devenu l'un des plus ardents promoteurs après en avoir tiré des bénéfices extraordinaires. Alors qu'il souffrait terriblement d'une polyarthrite rhumatoïde, la médecine lui avait annoncé qu'il vivrait le reste de sa vie en fauteuil roulant. Or, contre toute attente, un premier jeûne de 19 jours et un second de 29 jours l'ont remis debout !

Le jeûne thérapeutique à prescrire en appoint des traitements classiques n'a pas encore été adoubé par la médecine en France. L'idée est en revanche complètement intégrée en Allemagne, où la clinique du Dr Buchinger a ouvert ses portes il y a déjà soixante ans, au bord du lac de Constance. Outre-Rhin, la pratique du jeûne est largement répandue dans la population. Elle est enseignée aux étudiants en médecine, notamment à la clinique berlinoise La Charité. Là-bas, le jeûne thérapeutique est reconnu comme un traitement médical par le système de soins et pris en charge par les assurances privées. Médicalement encadré, il dure de 6 à 21 jours...

Les Russes ont aussi scientifiquement étudié les effets du jeûne sur l'homme dès les années 1950. Le psychiatre Youri Nicolaev a observé que l'état de patients atteints de schizophrénie s'en trouvait considérablement amélioré, ce qui l'a conduit à analyser les interactions entre les états physique et psychique. Les bénéfices du jeûne ont ensuite été approfondis sur les maladies de différents organes : bronches, estomac, intestin, os, peau, système cardio-vasculaire, endocrinien, articulaire… En 1988, le jeûne a été reconnu par l'Académie soviétique des sciences comme une pratique thérapeutique. Il est maintenant couramment prescrit dans les hôpitaux, sous une forme assez stricte qui n'autorise au patient que de l'eau.

Au regard des pratiques allemande et russe, la médecine française a donc encore bien du retard. Cependant, la recherche fait bouger les mentalités chez certains spécialistes. Dans les années 1990, le médecin ethnologue Jean-Pierre Willem[2] rapportait qu'il existait des régions du monde où les maladies dites « de civilisation », comme les cancers et les maladies cardio-vasculaires, sont très peu répandues. Il a remarqué que certaines communautés d'Asie centrale, du Caucase russe ou de l'Équateur qui y échappaient suivaient toutes à un moment de l'année une diète alimentaire très stricte…

Aujourd'hui, le jeûne est parfois utilisé en cancérologie pour les patients en préchimiothérapie. Le Pr Valter Longo de l'université de Californie explique que « les cellules cancéreuses détestent cet environnement où il y a peu de sucres et peu de facteurs de croissance… [De cette manière] le jeûne peut ralentir leur croissance, même sans chimiothérapie[3]. »

Outre ses bénéfices avérés sur le système digestif, le jeûne peut aussi favorablement accompagner des traitements classiques pour les affections suivantes : allergies, asthme, maladies cardio-vasculaires, maladies du dos et des articulations, affections chroniques du foie, épilepsie, infections à répétition, épilepsie, maladies d'Alzheimer et de Parkinson, et affections de l'état psychique comme le burn-out ou la dépression.

En tant que naturopathe, je prône un jeûne de mieux-être, destiné à donner aux jeûneurs des clés pour préserver leur santé, et non un jeûne thérapeutique.

Prenez votre santé en main

Le jeûne que je vous propose est d'abord un apprentissage. Il vous enseigne la compréhension de votre corps afin que vous puissiez vous-même, en toute autonomie, prendre votre santé en main. Mon statut de naturopathe m'invite à privilégier la prévention. Elle consiste à observer le terrain du curiste pour lui montrer comment le cultiver. Je veux l'amener à considérer son corps comme un jardin qu'il faut entretenir pour ne pas y voir revenir les mauvaises herbes. Je veux y faire germer et pousser de meilleures habitudes de comportement et d'alimentation.

C'est dans cette disposition d'esprit que j'accueille les curistes. Je ne leur demande pas d'attendre du jeûne qu'il soigne toutes leurs maladies, ni qu'il leur fasse retrouver de façon spectaculaire la silhouette parfaite de leur jeunesse... même si je sais que beaucoup viennent avant tout pour perdre des kilos !

Je leur explique que ces quelques jours ne sont pas qu'une simple parenthèse dans leur vie trépidante et qu'il ne faut pas les assimiler à une activité comme une autre. On n'accomplit pas un jeûne comme on s'acquitte d'une tâche professionnelle, avec un résultat maximal en un temps minimal. Le jeûne propose au contraire un voyage sur une tout autre planète que celle que nous arpentons quotidiennement. Il n'entre pas dans un schéma productiviste qui réclame la vitesse, l'efficacité et la performance. Il s'y oppose même radicalement, puisque c'est justement cette logique qui produit tant de dégâts sur notre santé.

Le jeûne dans un centre diététique ne se limite pas au seul volet alimentaire. Il y associe le repos, dans une ambiance tranquille propice au silence, et l'activité physique, dans une nature splendide et préservée. En somme, il offre un temps hors du temps, l'un de ces moments suspendus auxquels nous rêvons tous, mais que la vie nous refuse trop souvent. La cure a la particularité de ne pas refermer ce temps. Elle vous apprend au contraire à l'aménager pour avoir envie de le réinstaurer chez vous, dès que vous en aurez un besoin. C'est un déclic, un premier pas. D'autres suivront immanquablement, qui vous amèneront à chercher et à essayer de nouvelles pratiques de bien-être, et à modifier votre mode de vie dans un sens bénéfique. Voilà ce que vous apporte le jeûne. C'est la seule promesse que je peux faire à tous ceux que j'accueille.

Concrètement, je dois répondre à quatre types de questions que me posent ceux qui sont tentés par la cure avant de s'y lancer. Quels sont les aliments qui sont à la fois sains et appétissants ? Comment réussir à mobiliser et à faire bouger mon corps sédentaire ? Comment trouver du temps pour le jeûne ? Quels sont les résultats à court terme ?

Je ne veux répondre immédiatement qu'aux deux dernières. La question du temps ? C'est en réalité une interrogation sur les priorités. Si vous jugez que votre santé est prioritaire, vous trouverez tout naturellement un moment pour vous en occuper, de la même façon que vous trouvez toujours un créneau pour acheter les vêtements qui vous plaisent ou pour voir les gens que vous aimez...

La question des résultats immédiats ? Dix jours de jeûne garantissent au moins six mois d'excellente vitalité physique. Des résultats dont bien peu de régimes peuvent se targuer...

Quant aux deux autres questions, je laisse aux curistes le soin d'en trouver eux-mêmes les réponses au cours du jeûne.

Dans cette cure, ils feront aussi d'autres découvertes insoupçonnées, comme cet homme d'affaires accueilli à la Pensée Sauvage. Il venait en énonçant clairement son attente : maigrir. Il pesait 130 kg. « J'ai essayé tous les régimes possibles et imaginables auparavant. Vous êtes ma dernière carte : si ça ne marche pas avec vous, je vais me faire poser un anneau gastrique... », m'a-t-il dit dès son arrivée. De nature excessive, cet homme ne cachait pas son goût des très bonnes choses et des restaurants étoilés... Tout annonçait qu'il allait passer une semaine affreuse : confort spartiate et, bien évidemment, aucun festin matin, midi et soir...

Il craignait aussi l'ennui : dans sa valise, il avait emporté vingt DVD pour occuper ce qu'il s'imaginait être de longues et mornes journées d'attente affamée. En six jours, il n'en a regardé aucun. À la fin du séjour, à la fois joyeux et ému, il est venu me confier qu'il avait passé la plus belle semaine de sa vie. Il était surpris d'être parvenu à jeûner sans (trop) souffrir et de s'être dépassé. Il n'avait pas perdu beaucoup de poids, mais il comprenait qu'un processus s'était engagé. Il avait physiquement senti la « vacance » dont son corps avait profité. Il était bien décidé à ce que cela continue. Avant qu'on ne se quitte, il a ajouté ceci : « Ici tout le monde cultive la bienveillance. Personne n'est jugé. Cela permet de dire des choses qu'on ne dirait peut-être même pas à sa femme ou à ses proches. C'est libérateur. »

Ce type de feed-back n'a rien d'exceptionnel. Il résume plutôt bien l'état physique et émotionnel dans lequel le jeûne plonge ceux qui le pratiquent.

Les *happy ends* de fin de cure ne doivent pourtant pas faire oublier ce principe de base : jeûner est un effort, mental et physique. Les activités et l'entourage changent d'un coup, et il faut marcher tous les jours. Mais à bien y regarder, n'est-ce pas un effort moins difficile que celui qui consiste à envisager la vie comme une routine implacable : métro-boulot-dodo... jusqu'au cimetière ?

J'ai moi-même été convaincu assez tôt de la nécessité de faire l'effort du jeûne pour en comprendre les bénéfices.

Je n'avais que 19 ans quand j'ai essayé la première fois. Je venais de me lancer dans mes études de naturopathe et j'étais surmotivé comme tout jeune homme qui vient de trouver sa voie. J'avais compris que le jeûne est un véritable outil de santé. Je voulais le maîtriser. Donc, me prenant un peu pour Pasteur testant sur lui son vaccin contre la rage, je me suis lancé tout seul, pendant trois semaines, à la maison. Tenir sans manger est difficile, je ne peux pas dire le contraire. Le faire quand on est seul, chez soi, immergé dans les contraintes routinières, et bien sûr face aux tentations, l'est encore plus.

Pourtant, je n'ai pas craqué. J'étais tenaillé par une immense envie de réussir mon apprentissage. Cette envie était ma force. Je me sentais en quelque sorte « en mission ». Sans une telle motivation, décider seul d'un jeûne hors d'une structure dédiée peut vite devenir une épreuve. C'est pourquoi je recommande fortement à toutes celles et tous ceux qui sont tentés par l'expérience de choisir un lieu où ils pourront bénéficier d'une logistique adaptée, mais aussi et surtout du soutien d'un groupe. L'esprit collectif est décisif dans la réussite.

Ce qui se joue entre les curistes va d'ailleurs au-delà du simple soutien moral. En nous invitant à un voyage intérieur qui nous plonge vers l'inconnu, le jeûne est une expérience très intime, mais, partagé au même moment et au même endroit avec d'autres jeûneurs, il prend un tout autre relief.

Il nous fait découvrir une forme de fraternité à laquelle nous ne sommes pas toujours habitués. Dans un cadre thérapeutique où ils sont pris en charge, les gens se débarrassent de leurs titres, de leurs fonctions ou de leur image sociale. Ils deviennent symboliquement « nus ». Une sorte d'égalité s'installe, qui accepte sans rapport de force ni jugement toutes les singularités.

Tous les jeûneurs sont conscients d'être jetés dans la même épreuve. De nouvelles préoccupations émergent, radicalement différentes de celles de la vie « normale ». Chacun demande à l'autre comment il va, s'il arrive à dormir, s'il se sent près de craquer… Chacun vérifie aussi régulièrement auprès des autres si le fait de ne pas avoir faim est toujours partagé (voir page suivante). Les heures, les jours passent à un rythme curieux. Le temps se concentre et ralentit. Il ne reste rien d'autre à faire que de s'abandonner.

Dans les cures que j'organise, j'assiste alors avec délice à un phénomène qui se produit systématiquement : les conversations triviales du début — « Comment vont tes mollets ? Toujours des crampes ? » — s'estompent peu à peu pour laisser place à des sujets plus existentiels. On s'interroge sur les rythmes effrénés de la vie, on déplore leurs dégâts, et on finit par mettre sur la table les valeurs qui méritent d'être défendues. Doucement, mais sûrement, les échanges se font plus profonds et plus empathiques. Tendre la main à son voisin qui flanche devient un geste naturel, évident. On se sent naturellement reconnecté avec ses semblables, et on redécouvre avec joie et soulagement ce que nos trépidations nous font oublier : l'importance et la valeur du lien humain. C'est la force et la conséquence d'une cure, car manger est souvent une béquille émotionnelle destinée à compenser des manques affectifs. Dans un centre dédié à la pratique du jeûne et de la randonnée, chacun se nourrit des autres et de ce que lui révèle le jeûne sur lui-même. Ainsi, vous vous découvrirez des affinités avec des gens que vous n'auriez jamais imaginé rencontrer. Vous décèlerez aussi en vous des ressources insoupçonnées. Quand vous aurez réussi à marcher tous les jours 10 à 15 kilomètres le ventre vide, vous vous surprendrez à dire « Je peux le faire ». Une porte s'ouvre.

Envie de faire l'expérience ? Suivez le guide, étape par étape…

La faim ? Supportable !

Nous vivons en Occident une ère de surabondance alimentaire. Par conséquent nous imaginons ne pas pouvoir faire face à la privation de nourriture. Or, depuis qu'il est sur terre, l'homme a connu beaucoup plus de périodes de disette que d'excès. Nos corps s'en souviennent. Ils gardent la capacité de s'adapter au manque. Cette mémoire étant inscrite dans nos organismes, il n'est pas surprenant de ne pas éprouver de sensation de faim pendant la cure. Le phénomène stupéfie toujours nombre de nos curistes, les épicuriens revendiqués notamment…

Le jeûne, jour après jour

Étape 1 : la programmation Prenez rendez-vous... avec vous-même

On ne rentre pas dans une détox — et encore moins en jeûne — sur un coup de tête et sans préparation. Ce moment doit s'anticiper et se prévoir. Premier geste ? Ouvrez votre agenda et choisissez quelle période serait la plus propice pour entreprendre votre cure. Il faut avoir trois semaines devant soi au calme, sans obligations professionnelles stressantes ni fêtes familiales susceptibles de parasiter le bon déroulement du jeûne, voire d'en annuler les bénéfices.

Chaque étape a son importance et doit être respectée, que ce soit le temps de la préparation, les sept jours de cure proprement dite, ou la semaine de reprise alimentaire. Si, de retour à la maison, vous vous retrouvez dans cette ultime phase avec des déjeuners d'affaires ou un mariage, vous serez forcément tenté de ne pas respecter le déroulement de l'étape post-jeûne. Or faire des écarts à ce moment-là gâchera instantanément tous les bienfaits de la cure.

Il faut accepter l'idée que, durant vingt et un jours complets, vous allez vous mettre en vacances du reste. De tout le reste. C'est la condition nécessaire pour tirer tous les avantages de cette expérience, et notamment ce regain de vitalité globale (physique et émotionnelle) qui étonne souvent les participants et qui peut se prolonger durant six à huit mois après la cure. Mes sondages auprès des personnes que nous accueillons à la Pensée Sauvage (environ 1 000 par an) depuis maintenant neuf ans montrent que 90 % d'entre elles ne tombent pas malades durant l'hiver suivant.

Revenons à l'instant où vous devez fixer une date. Certains pensent qu'ils doivent (n'oubliez pas à quel point le caractère obligatoire est néfaste pour cette expérience) caler ce moment parce qu'ils ressentent une urgence, celle de répondre à un mal-être ou à une prise de poids par exemple. D'emblée, ils voient le jeûne comme une réponse immédiate à leur problème. Or on ne jeûne pas comme on pose un pansement sur une coupure. Jeûner est une démarche qui, pour être réellement bénéfique, s'inscrit dans le temps. Cela nécessite d'y réfléchir avant de se lancer. Par conséquent, ne réservez surtout pas votre séjour à la dernière minute, sans préparation psychologique. Fixer une date largement à l'avance permet de relâcher la pression. L'idée s'ancre, mûrit…

Mon expérience m'a montré que ceux qui ne s'accordent pas le temps de la réflexion ne respectent en général pas la semaine de préparation à la cure. Erreur ! Car un jeûne mal préparé sera un jeûne mal vécu. Vous risquez d'avoir du mal à vous passer de l'envie de manger, de souffrir de maux de tête pendant le séjour, et de subir de violents contrecoups dans les jours qui suivront la cure. Bref, en fonçant tête baissée vous vous exposez à vivre un cauchemar !

Avant de choisir vos dates, posez-vous aussi ces questions : pourquoi dédier ce temps libre à un jeûne plutôt qu'à ma femme, à mon mari, à mes enfants, à mes parents ou à mes amis ? Pourquoi en ai-je vraiment besoin, là, maintenant ?

La cure ne se résume pas à dépasser l'épreuve de ne pas manger trois fois par jour. Cette expérience peut aussi fortement impacter l'équilibre de vos croyances, de vos principes et de vos valeurs, de tout ce qui jusque-là structurait votre vie. J'insiste donc : ce n'est pas une démarche à prendre à la légère en se disant qu'on va essayer une nouvelle thérapie à la mode.

Le jeûne est un moment de vacance au sens propre : on crée un vide. Des choses vont alors remonter. Êtes-vous prêt à vous confronter à ce qui va pouvoir surgir ? Par exemple (c'est arrivé bien des fois) à réaliser à un certain moment de la cure que votre vie personnelle ou professionnelle ne vous satisfait plus ? L'expérience du jeûne aiguise souvent la conscience, invite à ralentir, et appelle des questions existentielles : ne suis-je pas en train de passer à côté de certaines choses précieuses à force de trop courir ? Et pourquoi est-ce que je cours ? Et vers où ?

En général, une fois que la date de la cure a été fixée, surviennent des peurs... La première : ne pas y arriver. Ne pas réussir à couper avec sa vie quotidienne, ne pas réussir à dépasser le lien habituel qui nous unit à l'alimentation, ne pas réussir à marcher le ventre vide...

D'un coup, les futurs jeûneurs comprennent qu'ils vont bientôt se lancer dans l'inconnu, d'où un certain vertige à l'approche du jour J. Ils veulent des précisions sur ce qui va se passer concrètement durant les trois semaines. Comment les choses vont-elles s'organiser ? Que devrai-je faire et ne pas faire ? Certains manifestent aussi l'angoisse de s'être peut-être embarqués dans un piège sectaire ou une arnaque.

Toutes ces inquiétudes et ces interrogations sont légitimes. Le premier travail des équipes qui vont vous accueillir est donc de vous écouter et de vous rassurer. De vous apporter des réponses précises et fiables. Bref, là où vous ne voyez qu'un chemin qui se fond dans un ciel nébuleux, vous attendez d'être éclairé, et c'est bien normal. Si vous sentez que, de l'autre côté, les personnes ne sont pas réceptives, qu'elles n'apportent pas de réponses simples et concrètes, c'est peut-être que vous n'avez pas choisi le bon centre...

De même, au moment de vous informer ou de vous inscrire à un séjour, un formulaire doit vous être proposé pour évaluer votre état physique et psychique. Il y figure des questions sur vos antécédents médicaux, vos éventuels traitements en cours, la fréquence de votre activité physique, ou encore votre état de fatigue, vos éventuels troubles alimentaires, intestinaux ou de sommeil. Si personne ne vous demande de remplir ce qui s'apparente à un bilan de santé, c'est que la prise en charge est potentiellement problématique. Ce type de considération doit faire partie de vos critères prioritaires dans le choix de votre centre.

Étape 2 : la préparation
Les clés de la « descente alimentaire »

Une cure de jeûne d'une semaine s'étale en réalité sur trois semaines.

Les premiers sept jours correspondent à la phase dite de « descente alimentaire ». Ils vont permettre de vous amener progressivement vers le jeûne proprement dit. Vous préparez votre corps à l'abandon provisoire de toute alimentation solide. Vous préparez aussi votre esprit en vous projetant, en vous rassurant et en adoptant une démarche positive et confiante.

J'insiste sur la nécessité de respecter scrupuleusement cette phase, dont voici les grandes étapes.

➡ Jour 1

Retirez tous les excitants de votre alimentation. Fini le café, le thé, le chocolat. Certains, notamment les grands consommateurs de café, peuvent ressentir des migraines. C'est tout à fait normal lorsqu'on arrête la caféine.

Les boissons comme le rooibos et toutes les tisanes restent les bienvenues. Surtout, prenez soin de boire chaque jour 1,5 litre d'eau à faible teneur en minéraux.

Arrêtez de prendre des protéines animales (viande et poisson). Éliminez progressivement le sel de votre table.

➡ Jours 2 et 3

Bannissez fromages, œufs et légumineuses. Réduisez aussi, jusqu'à vous en passer complètement au bout du troisième jour, tous les aliments raffinés. Remplacez-les par des aliments complets et riches en fibres.

➡ Jour 4

Ne consommez plus de céréales, de pain, de riz, de pâtes.

➡ Jours 5, 6 et 7

Consommez uniquement des fruits et des légumes, tout en réduisant progressivement les quantités.

Tout au long de cette semaine, vous pouvez en revanche accompagner vos repas d'huile d'olive, d'herbes, d'oignons, d'échalotes.

En fonction des prédispositions de chacun (tendance hépatique ou encore besoin de soutenir un bon transit), nous conseillons en parallèle une cure de sève de bouleau et d'huile de Haarlem afin d'amorcer un léger drainage des émonctoires juste avant la cure de jeûne. Les personnes sensibles souffriront moins des crises curatives qui marquent en général les deux premiers jours de la cure.

Les prérequis indispensables

1. Avoir réalisé une bonne préparation et accompli une descente alimentaire correcte.
2. Ne pas avoir de contre-indications majeures.
3. Avoir suffisamment de vitalité.

Étape 3 : la cure
Les grandes vacances de vos intestins

Ne pas s'alimenter nécessite de prendre au fur et à mesure des précautions, de respecter certains principes afin que l'expérience soit vécue le plus agréablement possible, en toute sécurité, et qu'au bout du compte vous en tiriez le maximum de bénéfices.

Si l'on part du principe que votre descente alimentaire a été correctement effectuée, au matin du premier jour, vous avez donc le ventre vide. Mais vous pouvez encore prendre un fruit ou une compote au petit déjeuner. Le jeûne commence vraiment à partir de là. C'est parti pour sept jours... Il vous faut maintenant faire les bons gestes.

➡ Nettoyez vos intestins au préalable

L'arrêt d'une alimentation riche et solide va provoquer un ralentissement considérable du péristaltisme, ce mouvement interne constant qui permet aux aliments de progresser de notre œsophage jusqu'à nos intestins. L'élimination est aussi ralentie. S'il reste des résidus alimentaires bloqués dans votre système digestif au moment où le jeûne débute, ceux-ci vont stagner et se putréfier. Vous vous « intoxinez » et vous risquez de passer les jours suivants à souffrir de ballonnements, de maux de ventre et/ou de tête, et de nausées plus ou moins sévères. Pour bien préparer les intestins à ces grandes vacances qui commencent, assurez-vous donc dès le premier matin qu'ils sont bien « nettoyés ».

Ce nettoyage est aussi nécessaire pour ne pas souffrir de la faim, car conserver des aliments dans le système digestif envoie au cerveau une information lui annonçant que l'intestin est toujours en mode de digestion. L'envie de manger persiste alors. Elle peut durer tout au long de la cure, ce qui la rendra pénible, voire intenable. Sans vidange préalable, l'expérience du jeûne prendra donc la forme d'une double peine : intoxination constante et cruelle sensation de faim...

Pour vous nettoyer l'intestin, je conseille de prendre un jus purgatif au psyllium. Vous trouverez le psyllium sous la forme de téguments, aussi appelés « psyllium blond » ; 1 cuillerée à soupe dans un peu d'eau suffit. Le psyllium a des vertus émollientes. En ramollissant ce qu'il reste dans les intestins, cette boisson va faciliter le transit. En général, ce simple jus fonctionne bien en quelques heures sauf chez les personnes qui ont un « mégacôlon », c'est-à-dire un côlon plus long. Dans leur cas, un concentré de légumes saturés d'enzymes et de minéraux spécifiquement choisis pour leur effet laxatif peut être efficace.

Vous pouvez aussi tout simplement procéder à un lavement. Tout dépend de votre profil intestinal.

➡ Hydratez-vous

C'est crucial. Quand vous faites faire un break au système digestif, les intestins sont mis au chômage technique, ils n'éliminent plus rien. Cela ne signifie pas pour autant que votre organisme ne produit plus de toxines. Puisqu'il fonctionne, il consomme de l'énergie, et donc il génère des déchets. Continuer à bien faire fonctionner ses reins afin de rejeter les toxines au maximum est donc une mesure d'hygiène interne. L'important, et c'est valable au long des sept jours, est de s'hydrater beaucoup pour éliminer beaucoup. Dès le premier jour et jusqu'à la fin de la cure, ne consommez plus que de l'eau pure, ou des rooibos, des tisanes, des jus de fruits et/ou de légumes frais, à condition qu'ils soient filtrés, sans pulpe, sans résidus.

Jours 1 et 2
À l'intérieur du corps...

La glycogenèse

En général, les personnes en capacité physique et psychique de faire le jeûne se sentent plutôt bien au cours de la première journée jusqu'au lendemain. Contrairement à ce que beaucoup pourraient penser, notre corps ne ressent pas le manque à ce moment-là. Pour une raison simple : il dispose de réserves de sucre (sous forme de glycogène) suffisantes pour tenir sans aucun problème de 24 à 36 heures. Ces réserves se trouvent dans le foie et les muscles. Elles permettent d'alimenter les circuits physiologiques qui assurent nos fonctions vitales. La mobilisation de ces réserves s'appelle la glycogenèse. Au cours de cette phase, nous sommes en état « orthosympathique ». Un mot un peu barbare qui signifie que notre corps est en alerte. En manque de « carburant », il va chercher une solution interne. Cela crée un stress qui stimule deux hormones, l'adrénaline et la noradrénaline. Tout ce processus nous aide à passer cette première journée sans sentir ni maux de tête ni nausées, et même sans avoir envie de manger.

➡ Autorisez-vous des petits rituels

Ne sautez pas de votre lit en ouvrant les yeux le matin. C'est la première chose à ne pas faire ! Au contraire, levez-vous délicatement, sans vous brusquer. En effet, le jeûne fait tomber la tension. Si la vôtre est déjà basse en temps normal, vous risqueriez de tomber. Une fois debout, commencez par boire un grand verre d'eau pour réveiller votre organisme et le « laver ».

Je conseille aussi de se brosser les dents chaque matin en y ajoutant un bain de bouche avec une préparation mélangeant huiles de sésame et de tournesol (agrémentées de clou de girofle et de menthe poivrée par exemple pour que ce soit plus agréable). Pourquoi s'en gargariser ? Pour éliminer les toxines de la muqueuse buccale et ainsi éviter l'un des effets indésirables du jeûne : la mauvaise haleine. Précaution à ne pas oublier : évitez de recracher le bain d'huile sous la douche… pour ne pas glisser !

Octroyez-vous des séances de réveil musculaire. Tous les centres ne le proposent pas, mais rien ne vous empêche le matin de vous étirer (des mouvements doux et simples) afin de relâcher les tensions qui s'installent immanquablement lorsque l'on suit un jeûne. L'explication est simple : n'étant quasiment plus sollicités, votre estomac et vos intestins se rétrécissent, ce qui a un impact sur les fascias, ces membranes qui entourent nos organes, nos muscles et nos tendons. Elles aussi vont se contracter, exerçant du même coup une pression sur l'ossature globale du corps, au risque de provoquer des déséquilibres au niveau du squelette. Le yoga ou encore des exercices de qi gong sont un excellent moyen de prévenir ce phénomène. Une séance de 30 à 45 minutes est efficace. Pour les adeptes, vous pouvez faire suivre ce moment de 15 minutes de méditation.

Je conseille de faire une petite séance de stretching au retour de chaque randonnée pour les mêmes raisons : relâcher les muscles et surtout les libérer de l'acide lactique produit par l'effort physique. Si vous avez en plus la possibilité d'utiliser un sauna ou un hammam, ou de vous faire masser, c'est encore mieux ! L'organisme n'en sera que mieux drainé et l'effet « détente » optimisé. Il n'y a pas de mal à se faire du bien en général, et durant un jeûne en particulier !

À 19 heures, vous pouvez aussi prendre un bouillon de légumes filtrés. Si ce n'est pas proposé par le centre où vous pratiquez, un bol de tisane ou de rooibos fera l'affaire. L'important est de marquer la fin de journée par un moment convivial autour d'une table.

➡ Marchez !

Pourquoi randonner pendant un jeûne ? La naturopathie accorde beaucoup d'importance à la nécessité d'activer les émonctoires (intestins, reins, poumons, peau), des organes qui permettent de s'autonettoyer. L'organisme se débarrasse de ses toxines par le souffle, la transpiration, l'urine et les selles. Or, marcher permet de soutenir tout ce processus. On s'oxygène et on oxygène aussi ses « humeurs » (terme de naturopathie qui désigne le sang, la lymphe et les liquides intra- et extracellulaires). Au passage, le foie est activé. N'oublions pas qu'il filtre, et donc « nettoie », environ un litre de notre sang par heure au repos ; ces « déchets » sont ensuite évacués *via* la respiration et la transpiration. En marchant, son activité s'accélère, et donc accélère aussi le processus d'autorestauration de nos cellules sanguines.

Par ailleurs, si vous restez sédentaire durant toute la semaine de jeûne, à J + 6 vous risquez de terminer épuisé. L'effort défatigue. C'est l'un des nombreux paradoxes dont vous ferez l'expérience durant une cure !

Marcher permet également de contrer le mouvement hypotenseur du jeûne en faisant un peu remonter la tension. Enfin, le fait de bouger et de prendre l'air est une bonne diversion : vous pensez moins à l'idée que vous n'allez pas manger…

Avant de partir en randonnée, prenez le temps de vous hydrater. Une bonne tisane ou un grand verre d'eau, et hop ! Bien sûr chacun aura pris soin d'embarquer dans son sac à dos (accessoire recommandé) une gourde remplie d'eau ou de jus de fruits frais dilué dans un litre d'eau. Un léger apport de sucre permet de soutenir le processus de la glycogenèse. Si vous avez peur de faire un malaise en cours de route (ce qui arrive très rarement), rassurez-vous en emportant une petite dose de miel naturel et bio.

Il n'est pas question de marcher comme un fou. Surtout pas. Vous vous baladez à votre rythme, en vous ménageant des temps de pause, voire de sieste, sous les frondaisons des arbres, près d'une rivière… Vous commencez par deux heures de marche. Certains pourront s'étonner de marcher dès les premiers jours bien plus longtemps, parfois jusqu'à cinq heures — oui c'est possible !

Durant les premiers jours de jeûne, la meilleure marche consiste à randonner à plat sur une dizaine de kilomètres. Avec les jours qui passent, le groupe peut envisager des circuits avec des montées et des descentes ou allonger les distances. Là encore, il est nécessaire d'être à l'écoute de son corps et de marcher en fonction de son état physique du jour.

Ces moments d'oxygénation sont aussi l'occasion de vous offrir un pur moment d'apaisement et de calme intérieur, en prenant le temps de profiter de la nature et de vous laisser séduire par les paysages, les couleurs et les parfums qui vous entourent.

Les effets (indésirables) du jeûne

➡ Vous avez froid

Dans la vie « normale », la phase digestive mobilise une énergie considérable qui libère beaucoup de chaleur. En jeûnant, faute d'effort intestinal et d'énergie digestive, notre température interne s'abaisse. D'où la nécessité de boire des tisanes chaudes et d'utiliser une bouillotte la nuit.

➡ Vous dormez moins, mais mieux

Là encore, c'est une question d'économie d'énergie. Dans la vie habituelle, digérer trois repas par jour pompe environ un tiers de l'énergie quotidienne. Vous ressentez un « coup de barre » après un repas chargé, parce que le sang afflue vers l'estomac afin de lui donner les forces nécessaires pour transformer les aliments en micronutriments, qui seront ensuite traités par les intestins. En jeûnant, vous mettez tout ce processus au repos. Du coup, vous avez plus d'énergie et moins besoin de vous reposer. Vous faites donc des nuits plus courtes, mais de bien meilleure qualité. Par ailleurs, dans la journée, vous êtes invité à faire des siestes qui sont aussi des phases de récupération importantes.

➡ Vous avez un peu « la tête à l'envers »

J'ai le souvenir d'un grand avocat d'affaires qui, au matin du troisième jour de jeûne, s'est demandé ce qu'il faisait là. Il pensait venir se remettre « la tête à l'endroit » et il se retrouvait « la tête à l'envers ». Il était tout prêt à faire ses valises. Mais le soir venu il avait changé d'avis. Il se disait qu'il pouvait aller au-delà de ce qu'il pensait être sa limite... Ce qui l'a encouragé ? Le fait de sentir que son corps commençait à s'apaiser après la phase déstabilisante des premières 72 heures, qui peuvent être marquées par des maux de tête, un mal-être, de la tristesse... Mais une fois que le processus de la néoglucogenèse (voir ci-dessous) est bien enclenché, la physiologie globale se stabilise. À mi-parcours d'une cure, vous commencez à vous sentir mieux, et même bien.

➡ Vous êtes un peu « plus lent »

Votre cerveau manquant de sucres les premiers jours, il se peut que vous ayez du mal à vous concentrer. Par ailleurs, n'oubliez pas que le jeûne est hypotenseur. Quand la tension s'abaisse, vous ralentissez.

Un calme intérieur s'installe, favorisé par l'action des hormones :

- l'hormone thyroïdienne gère la diminution de l'activité énergétique du corps ;
- l'hormone de croissance se réveille pour éviter que l'organisme attaque trop sévèrement les réserves de protéines ;
- l'aldostérone veille à ce que notre corps conserve un bon niveau d'hydratation.

Jours 3 et 4
À l'intérieur du corps...

La néoglucogenèse

À ce moment de la cure, les choses se compliquent un peu dans l'organisme. Les réserves de glycogène sont épuisées. Le corps subit un nouveau stress d'adaptation. Où aller chercher maintenant le sucre dont il a besoin pour soutenir les fonctions vitales ? Dans les réserves de graisses ! Là commence le processus de la néoglucogenèse : l'organisme prélève de la graisse dans les tissus adipeux et un peu de protéines dans les muscles, pour les transformer en sucres immédiatement assimilables.

Durant cette phase, plusieurs symptômes désagréables sont susceptibles de se manifester : des maux de tête et une hypotension qui peut vous donner l'impression de ne pas arriver à monter l'escalier... C'est ce qui s'appelle une crise d'acidocétose. Elle est normale et passagère. Une fois que votre corps a bien enclenché le processus de la néoglucogenèse, qui va se poursuivre jusqu'au cinquième jour de la cure, vous vous sentez bien à nouveau.

Durant ces jours-là, les mots d'ordre sont : bougez, marchez, respirez ! Vous vous sentirez d'autant mieux et vous éviterez aussi de voir fondre vos muscles...

➡ Vous perdez du poids

Le processus de la néoglucogenèse s'attaquant aux graisses pour les transformer en sucre, vous allez donc voir diminuer vos réserves graisseuses... et constater une perte de poids.

➡ Vous sentez un regain d'énergie

À mi-parcours du jeûne, autour du troisième et du quatrième jour, vous vous sentez d'humeur plus agréable, plus apaisée. Vos yeux commencent à pétiller de nouveau. Vous récupérez de la vitalité grâce à l'énergie que vous ne dépensez plus à digérer, et aussi grâce aux apports de sucre issus de la transformation de vos réserves de graisses. Ils vous donnent un bon coup de fouet. Vous pouvez même sentir poindre, déjà, une certaine euphorie. Ça, c'est le petit service bonus rendu par les corps cétoniques (voir ci-dessous). Leur apparition indique que vous entrez en phase de cétogenèse.

Jours 5 et 6
À l'intérieur du corps...

La cétogenèse

Entre le troisième et le cinquième jour de jeûne, le corps doit continuer à faire fonctionner ses fonctions vitales et à fournir au cerveau, ce gros gourmand de sucre, sa dose habituelle de glucose. Ne sachant combien de temps encore il va devoir se passer de nourriture extérieure, il anticipe, et, en parallèle du mécanisme de la néoglucogenèse, il lance un autre processus, celui de la cétogenèse. Aidé du foie et des reins, notre organisme transforme certaines graisses puisées dans nos tissus adipeux en corps cétoniques. Ce n'est pas du glucose, mais pour nos organes c'est tout comme. Et pour notre cerveau, c'est une véritable friandise à effet booster. Puissants stimulants, ces corps cétoniques aiguisent la vigilance et mettent un terme à la sensation de faim. Associés aux hormones telles que le cortisol, l'adrénaline et l'endorphine, ils composent un véritable cocktail euphorisant.

Étape 4 : la reprise alimentaire Négociez votre retour à table...

➡ Vous angoissez à la veille de rompre le jeûne...

Arrive la fin du sixième jour... Un drôle de moment que celui-là. Une veillée d'armes en quelque sorte. Vous savez que vous allez remanger le lendemain. C'est souvent à cet instant que vous ressentez un sentiment de fierté. La plupart de ceux qui jeûnent pour la première fois ne pensaient pas tenir. Ils sont étonnés et heureux d'y être parvenus, et savourent un moment particulièrement gratifiant qui amplifie l'effet euphorisant des corps cétoniques ! Certains vont même jusqu'à affirmer qu'ils pourraient encore tenir deux voire trois jours de plus. Dans le même temps, ils éprouvent aussi une petite appréhension à l'idée de remanger. Comment cela va-t-il se passer ? Après six jours sans rien et sans envie, y trouveront-ils du plaisir ? Dans les groupes de curistes, c'est le sujet de cette journée !

Alors même que l'aventure touche à sa fin, l'envie est forte de conserver l'allant et le bien-être qui vous remplissent maintenant, vous sentez aussi que les esprits s'agitent autour d'un questionnement plus profond lié au sens à donner à ce que vous avez traversé. Tous ces efforts consentis auront-ils un effet durable ? Tout va dépendre de la façon dont vous allez gérer l'après-cure. J'y viendrai...

En attendant, au soir de ce sixième jour, je vous conseille de relancer gentiment vos intestins en leur donnant un bol de potage de légumes frais et moulinés.

➡ À table ! Vous rompez le jeûne...

Au septième jour, le déjeuner vient rompre la diète. Vous vous composez un menu léger, avec des produits de saison. Privilégiez les crudités. C'est aussi le moment de vous faire plaisir, la créativité est bienvenue. Vous pouvez vous lancer dans un gaspacho à la tomate et à la pomme, facile à réaliser avec un blender, ou vous concocter une salade de concombre au wakamé, ou des spaghettis de courgette que vous aurez fait mariner dans du citron. Dégustez-les avec un trait d'huile d'olive et des aromates, et finissez, pourquoi pas, avec une verrine de fruits rouges. Choisissez ce que vous voulez. Ce qui vous fait envie. Le plaisir est toujours intense, car, après autant de jours sans manger, les papilles s'affolent et les saveurs sont exacerbées. Le palais retrouve des sensations quasiment oubliées ! Émerveillement garanti...

Si les légumes crus passent mal, faites-les cuire à la vapeur, juste ce qu'il faut pour qu'ils restent croquants.

J'insiste sur la nécessité de bien mastiquer. Faut-il rappeler que, sans une bonne mastication, la digestion est moins facile ? Grâce à l'amylase présente dans la salive, mastiquer permet de prédigérer les amidons et d'attendrir les aliments. Ce qui évite à l'estomac de faire un travail supplémentaire et fatigant.

➡ Retour sur le sens de la démarche

C'est le moment de se poser la question (fondamentale) du sens. Du sens de ce qui vient d'être vécu. Plus que jamais, reposez-vous cette question qui avait déclenché votre décision de tenter l'aventure : pourquoi faire cette démarche ?

Si vous considérez que la somme d'efforts que vous venez d'effectuer n'a aucun sens, alors, en quittant le centre de cure, vous vous arrêterez dans le premier restaurant venu... et tout sera terminé.

À l'inverse, si tout cela a bien un sens pour vous, vous aurez envie de faire durer l'expérience, de l'intégrer dans votre vie et vous réussirez votre reprise alimentaire. Ce n'est pas un moment facile, mais sachez qu'une bonne reprise prolonge de 4 à 12 mois le regain de vitalité et d'énergie apporté par le repos digestif.

Paradoxalement, mal gérer sa reprise peut être aussi une bonne leçon qui vous fera comprendre l'intérêt de terminer le jeûne dans les règles. Que risque-t-il de se passer si vous décidez le soir de votre retour — ou le lendemain — de vous remettre à manger comme si rien ne s'était passé ? Vous allez ressentir une lourdeur digestive désagréable, inconfortable. Votre estomac, qui n'a plus l'habitude d'être aussi sollicité, va se surmener. Et vous, vous allez vous sentir complètement vidé.

Lors du déjeuner de reprise, pourtant léger dans ses composants et ses quantités, vous constatez que vous arrivez rapidement à satiété. Il est important d'identifier ce moment et de le respecter. Les cures de repos digestif doivent servir en premier lieu à ce repérage du moment de satiété. C'est la première clé d'un rééquilibrage alimentaire pertinent pour rester en forme. Ne pas respecter la satiété peut vous conduire à envisager les jeûnes et les détox comme des « rustines », à l'instar de ceux qui en font après chaque période d'excès ou de déséquilibre alimentaire. À faire le yo-yo entre deux contraires — le jeune et l'excès —, le poids suit le même mouvement sur la balance. Exactement ce que vous voulez éviter !

Alors, comment créer les bonnes conditions pour que la semaine de reprise se passe sans difficulté ?

Première chose : ne vous mettez pas la pression ! Ce n'est pas avec des « il faut » ou en se fixant une sorte de *to do list* que vous y arriverez. Si jamais, pour une raison ou une autre, vous ne pouvez pas assurer un repas ou deux dans la semaine dans les règles de la reprise, ne culpabilisez pas, c'est toujours contre-productif !

Reprenez simplement le processus au repas suivant. Encore une fois, si vous vous êtes posé la question du sens de votre démarche, vous vous nourrirez avec justesse au retour de la cure. Vous saurez trouver le bon équilibre entre plaisir et rigueur. Expérimenter ce bien-être donne immanquablement envie de le prolonger...

➡ Voici quoi, comment et quand manger après six jours de jeûne

Jours 1 et 2 : des menus 100 % végétaliens

Composez des assiettes de légumes crus et/ou cuits à condition qu'ils restent très croquants sous la dent. À manger en salade par exemple. Pensez à utiliser de bonnes huiles !

Buvez de l'eau et des jus de fruits frais.

Si vous aimez les desserts, prenez un fruit cuit ou une compote (sans sucres ajoutés), ou une poignée de fruits réhydratés (pruneaux, figues, abricots) avec 1 cuillerée de pollen (bio).

Jour 3 : le retour des céréales complètes

À partir du troisième jour de reprise, réintroduisez les céréales complètes (bien moins acidifiantes que les « blanches »), comme le riz, le petit épeautre, le millet, le sarrasin, le seigle ou le quinoa, et les oléagineux (noix de toutes sortes, amandes, etc., ni grillées, ni toastées, ni salées, ni sucrées, ni aromatisées).

Jour 4 : le retour des protéines légères

Dès le quatrième jour, réintégrez certaines protéines animales telles que les œufs, les produits laitiers de chèvre ou de brebis, et des protéines végétales, comme le tofu, les légumineuses (lentilles, haricots, pois chiches...), les graines germées et les champignons.

Vous pouvez par exemple vous concocter un petit déjeuner asiatique typique : un bouillon de légumes servi avec des pâtes de riz et suivi d'un œuf poché (le jaune doit rester coulant pour préserver les acides aminés). Il n'y a quasiment qu'en Europe, et spécialement en France, que l'on prend des petits déjeuners sucrés avec pain blanc, beurre et confiture. De quoi faire grimper la glycémie en flèche et affoler le pancréas, qui gère le taux d'insuline dans le sang...

Jours 5 et 6 : bonjour poissons et volailles...

Les viandes légères et les fruits de mer font leur grand retour. Vous pouvez ainsi vous régaler à midi d'un plateau de coquillages (mais sans pain, ni beurre). En revanche : évitez absolument les huîtres, même si elles sont iodées et riches en zinc. Elles demandent en effet 8 heures de digestion ! Un effort bien trop gros dans une semaine de reprise alimentaire...

Au dîner, servez-vous une assiette de légumes cuits avec un trait d'huile parfumée, accompagnée d'un bol de riz (ou une céréale qui vous fait plaisir) ou de salade. Évitez les protéines animales le soir : elles sont acidifiantes et excitantes. Pensez à votre sommeil...

Sachez que le retour des protéines animales pourrait se faire plus tard dans ce temps de reprise. Ce n'est pas une obligation ni une nécessité pour votre corps. C'est peut-être l'occasion de commencer un régime à tendance végétarienne.

Et si vous craquez ?

Essayez de mettre le doigt sur l'origine de votre écart : à quoi est liée la faiblesse que vous avez ressentie à ce moment-là ? Ayez toujours conscience de ce que vous faites, ne perdez jamais de vue le sens qui sous-tend vos actions et vos décisions.

Si vous devez vous déplacer...

Si vous devez vous déplacer dans la semaine d'après-jeûne sans savoir ce qui risque de vous attendre à chaque repas, ayez toujours des fruits (pommes, bananes, avocats) sous la main, des pains germés comme le pumpernickel de seigle noir allemand, du pain Essene ou du pain des fleurs (un pain sans levain ni ferment, mais avec du sarrasin, des châtaignes ou du quinoa...). Vous trouverez aussi en magasin bio des petits pots de tartare d'algues, de houmous ou de caviar d'aubergine pour agrémenter votre pain... Autant de petites choses faciles à glisser dans votre sac de voyage !

Idéalement, prolongez la reprise deux jours de plus, soit une bonne semaine.

Pourquoi ? Pour ancrer ces pratiques de bonne hygiène alimentaire et en faire rapidement des habitudes. Donnez-vous le temps de trouver des recettes appétissantes que vous prendrez plaisir à faire et refaire. Certaines idées faciles et inspirantes vous auront été données lors de la cure durant les ateliers cuisine. Reprenez-les et adaptez-les chez vous. Si vous craignez la répétition de repas monotones, je vous propose maintenant une cinquantaine de recettes détox.

À table !

Partie IV

Les recettes essentielles de la détox et du bien-être

Vous voulez faire durer les bénéfices du jeûne ou simplement prendre soin de vos intestins quotidiennement ? Voici les recettes vegan et sans gluten de Maëlys Uhl, chef cuisinière de la Pensée Sauvage. Des jus crus, des smoothies, des entrées, des plats et des desserts à la fois variés, appétissants, sains et faciles à réaliser. De quoi stimuler vos papilles et votre imagination : à vous de les préparer, de les goûter… et d'en inventer d'autres !

Les jus crus : faites le plein de vitalité !

On ne dira jamais assez les bienfaits des jus crus de fruits et de légumes. Ils recèlent vitamines, minéraux, oligoéléments, enzymes et antioxydants. Ceux préparés avec des légumes verts sont en outre très riches en chlorophylle. De quoi faire le plein d'énergie !

Les jus crus offrent aussi un avantage non négligeable pour l'intestin : ils lui demandent beaucoup moins de travail digestif. Ils permettent en effet de faire passer les substances nutritives plus rapidement dans le sang que les végétaux frais consommés entiers. Ils participent aussi au nettoyage de l'organisme et à la détoxination du sang.

Ceux faits maison — avec des fruits ou légumes frais bio — sont d'un intérêt bien supérieur à ceux du commerce. Les procédés industriels utilisés, les conditions de stockage et l'ajout éventuel d'additifs rendent les jus vendus en bouteille moins riches en nutriments de valeur. En effet, ils ont été chauffés ou pasteurisés. Vous n'y trouverez pas d'enzymes, et beaucoup moins de vitamines naturelles que dans un jus frais.

Pour profiter de tous leurs minéraux et optimiser leurs bénéfices nutritionnels, choisissez des fruits et légumes bio.

Mis à part la banane, l'ananas et les agrumes, gardez la peau de vos fruits et de vos légumes.

Lavez-les, brossez-les et, éventuellement, plongez-les dans de l'eau additionnée de vinaigre, de quelques gouttes d'huile de pépins de pamplemousse ou d'huile essentielle de citron pour les nettoyer.

Passez-les ensuite dans votre extracteur ou votre centrifugeuse. Goûtez, réajustez si besoin avec un peu plus de fruits ou de légumes ; si le jus réalisé vous paraît trop fort, vous pouvez le diluer avec un peu d'eau.

Osez : gingembre et curcuma frais, bâton de vanille, eaux florales (menthe, cannelle, rose, fleur d'oranger, gingembre...), huiles végétales, eau de coco, *Aloe vera*, cardamome, cannelle, aromates frais (menthe, coriandre, mélisse, verveine, persil...), etc.

Vous pouvez compléter les jus avec des supernutriments : une pincée d'algues en paillettes, des graines germées, du jus de choucroute crue (pour un apport de ferments lactiques), de la spiruline, de la maca...

Les jus se suffisent à eux-mêmes, il n'est pas nécessaire d'ajouter du sucre.

Dégustez sans tarder, car ils s'oxydent très rapidement, et les vitamines se volatilisent vite. Prenez malgré tout le temps de les mastiquer avant de les avaler, afin de sécréter des enzymes digestives qui faciliteront l'assimilation.

Tendez vers des légumes verts, riches en chlorophylle et très alcalins.

La consommation de jus permet d'atteindre très facilement les 5 fruits et légumes par jour préconisés par le Programme national nutrition santé en France, et qui sont vraiment un minimum.

Comment les préparer : centrifugeuse, extracteur ou super-blender ?

Attention aux machines que vous utilisez pour extraire le jus. Certaines l'altèrent, d'autres le préservent...

Les centrifugeuses traditionnelles sont assez agressives : en râpant les végétaux, elles éliminent leurs précieuses fibres alimentaires du jus. Leur vitesse de rotation rapide — beaucoup plus importante que celle d'un extracteur de jus, jusqu'à 15 000 tours par minute pour une centrifugeuse contre 80 tours par minute en moyenne pour un extracteur — élève la température et oxyde considérablement les jus produits, ce qui leur fait perdre une bonne partie des substances vivantes des aliments. La pulpe rejetée contient encore une partie de jus que la centrifugeuse n'arrive pas à extraire et qui est gaspillée.

Les extracteurs de jus fournissent une quantité et une qualité de jus supérieures à celles obtenues avec de simples centrifugeuses. Les extracteurs de jus broient comme des dents et séparent le jus de la cellulose. Grâce à une lente extraction, ils limitent l'élévation de la température. Ils préservent ainsi mieux la chlorophylle, les enzymes, les vitamines, les minéraux et les oligoéléments. Les jus produits à l'extracteur se conservent un peu plus longtemps au frais que ceux issus d'une centrifugeuse. Les extracteurs produisent une boisson liquide, très concentrée, mais avec très peu de fibres — elles sont rejetées dans un récipient après le broyage.

Ces jus sont donc très assimilables, même si vous avez les intestins fatigués ou des difficultés à digérer les crudités. En apportant très rapidement les nutriments à l'organisme, ils vous évitent toute fatigue digestive et vous permettent de vous habituer peu à peu à l'alimentation crue.

Contrairement à un extracteur ou à une centrifugeuse, le blender transforme les aliments en purée, milk-shakes ou smoothies ; il conserve les fibres des végétaux, ce qui retarde légèrement l'oxydation, ne produit pas de déchets, et vous aurez donc moins de perte. Les fibres de ces boissons sont peu agressives, car brisées en morceaux microscopiques faciles à digérer.

Avec un blender de type Vita-Mix, leur finesse est nettement supérieure à celle obtenue avec un blender ordinaire. C'est l'outil idéal si vous souffrez de constipation. Cette machine demande par ailleurs moins de travail qu'un blender ordinaire : vous pouvez y introduire une orange entière pelée ou de gros morceaux de fruits ou de légumes sans avoir à les découper en tout petits morceaux.

Quelques jus crus à préparer

Proportions pour un grand verre de 30 cl.

JUS CLASSIQUE : 2 carottes + 1 pomme + ½ cm de gingembre.

JUS RAFRAÎCHISSANT : 2 courgettes + ½ citron avec son écorce + 3 tiges de menthe.

JUS DRACULA : ¼ de betterave crue + 2 pommes + ¼ de citron avec son écorce.

JUS VERT : 2 bonnes poignées d'épinards + 1 bulbe de fenouil + 4 tiges de persil.

JUS TOUT DOUX ÉPICÉ : 2 patates douces + 2 clémentines + 1 pointe de piment.

JUS SURPRENANT : ¼ de chou-fleur + 2 pommes + 1 cm de curcuma frais.

JUS DÉTOX : 1 concombre + ¼ d'ananas + ½ cm de gingembre.

JUS ROSÉ : 1 grenade + 1 petite grappe de raisin + ½ cm de gingembre.

JUS DRAINANT : 2 tiges de céleri + 1 pomme + ¼ de citron avec son écorce.

JUS ALCALIN : 2 tiges de céleri + 1 pomme de terre + 1 filet de jus de citron.

Astuce : ajoutez à vos jus du pollen frais ou de la spiruline. Si le jus contient de la carotte, ajoutez 1 cuillerée à café d'huile végétale d'olive ou de chanvre. La présence d'acides gras permet une meilleure absorption du bêtacarotène.

Astuce : pour vous aventurer dans la confection de vos propres jus, la clé est d'associer un légume racine, une feuille et un fruit !

Vertus des jus

Jus de pomme

Très bonne compatibilité digestive avec les légumes. Riche en vitamines C et A, la pomme contient aussi des phytonutriments qui réduisent le LDL (mauvais cholestérol) et donc retardent l'apparition d'artériosclérose. Elle prévient de nombreuses maladies cardio-vasculaires et aussi le risque de développer de l'asthme. Les jus de pomme apportent du potassium, stimulent le foie et les reins, et permettraient de prévenir la dégénérescence, dont la maladie d'Alzheimer.

Jus de carotte, ami du foie et de la peau

La carotte est exceptionnellement riche en vitamine A, carotène, vitamines B, C, E et minéraux. Elle régule le transit intestinal, cicatrise et désinfecte la muqueuse intestinale et l'estomac. Tonique du foie, elle est aussi antianémique, reminéralisante, cicatrisante des plaies et elle améliore l'acuité visuelle. Enfin la cure de jus de carotte, à raison d'un jus matin et midi durant trois semaines, est une remarquable astuce de beauté, idéale pour balayer un teint brouillé ou préparer sa peau au soleil.

Jus de betterave

Riche en vitamine B9, en magnésium, la betterave abaisserait la tension artérielle et a un effet bénéfique sur le moral et sur l'immunité.

Jus de tomate

Riche en lycopène, puissant antioxydant.

Jus de chou

Très riche en phénols, indoles et flavonoïdes à l'action anticancéreuse, le chou contient bon nombre de vitamines (C, A, E, B...), minéraux (calcium, potassium, fer, magnésium) et oligoéléments (iode, cuivre, manganèse, soufre). Sous forme de jus, il conserve toutes les propriétés du cru sans les inconvénients (peu digeste pour les intestins fragiles). Il est reminéralisant, antianémique et utile lors d'ulcères et de muqueuses intestinales irritées.

Jus de concombre

Riche en potassium, en vitamines C, A, K, le concombre est bon pour la peau et permettrait de réduire la tension artérielle.

Jus de céleri

Puissant stimulant, le céleri améliore la digestion, renforce le système immunitaire et purifierait le sang. Il est traditionnellement utilisé contre l'asthme.

Jus de pomme de terre

Pansement gastrique hors pair, le jus de pomme de terre crue s'utilise aussi comme diurétique, émollient, calmant et cicatrisant des muqueuses digestives et antispasmodique. Il se révèle utile lors de gastrites, ulcères (un petit verre trois ou quatre fois par jour avant chaque repas durant 3 semaines), dyspepsie, calculs biliaires, constipation, diabète… Attention à bien retirer les parties vertes et les germes, qui sont toxiques. Il a un goût amer, alors mariez-le avec des carottes, des pommes ou d'autres légumes.

Jus de fenouil

Riche en manganèse, zinc et vitamine B, le fenouil régule le sommeil, l'humeur et agirait sur les états dépressifs. Par ailleurs, il réduirait l'inflammation, notamment lors d'arthrose.

Les smoothies : de vrais repas !

À la différence des jus extraits, qui fournissent un concentré des sucs végétaux, les smoothies proposent les légumes et les fruits avec toutes leurs fibres. Idéals pour accompagner vos petits déjeuners, ils peuvent même remplacer les repas quand vous souhaitez accorder une pause à votre système digestif.

Équipez-vous d'un bon blender et associez les éléments suivants :

- un fruit : pomme, banane, poire, ananas, kiwi, mangue…
- des légumes verts : épinards, feuille de blette, brocolis, salade ou plantes aromatiques (persil, basilic, coriandre, menthe…), etc.

- des oléagineux : noix de cajou, noisettes, amandes fournissent de bons acides gras. Pensez à les réhydrater au préalable, en laissant une nuit dans de l'eau simple ou même dans de l'eau de fleur d'oranger ou de rose...
- de l'avocat, riche en bons acides gras ; de surcroît, il adoucira votre smoothie.
- du liquide : eau, eau de coco, lait d'amande maison, tisane de badiane...
- des super-aliments : herbe de blé, spiruline, pollen, maca, cacao cru...

Astuce : pour apporter une certaine densité à votre smoothie vous pouvez ajouter du psyllium ou encore des graines de chia ou de lin réduites en poudre, de la gomme de guar ou de la gomme xanthane (versez-les peu à peu, car elles épaississent vraiment un mélange).

Astuce : pensez à réduire la part de fruits sucrés au profit des légumes verts en augmentant peu à peu leur part pour vous y habituer.

Astuce : pensez aux purées d'oléagineux comme la purée d'amandes blanches, de cajou ou encore de noisettes !

Quelques smoothies à essayer

ORANGE : 1 kaki ou 1 mangue + le jus de 2 oranges.

VERT DOUX : 1 banane + ½ tasse d'épinards + 4 feuilles de menthe fraîche + de l'eau jusqu'à la consistance souhaitée.

ROSE : 1 poignée de fraises + 3 dattes + de l'eau jusqu'à la consistance souhaitée.

VIOLET : 1 pomme coupée + ¼ de tasse de myrtilles + 1 poignée d'amandes trempées + de l'eau jusqu'à la consistance souhaitée.

VERT CRÉMEUX : 1 courgette + 1 avocat + 1 tasse d'épinards + 1 tasse de persil + ½ cuillerée à café de miso.

EXOTIQUE : 4 tranches d'ananas + ½ tasse de lait de coco + ½ cuillerée à café de gingembre.

Ajoutez, au choix, du pollen frais, des graines germées, de la spiruline, de l'herbe de blé, des graines de chia, de la vanille, de la cannelle, des hydrolats, des essences, des huiles…

Les entrées : fraîches et saines

Les recettes qui suivent sont composées pour **4 personnes.**

Salmorejo

- 1 kg de tomates bien mûres
- 4 pommes
- 4 cuill. à soupe d'huile d'olive
- 2 gousses d'ail
- 1 cuill. à soupe de vinaigre de cidre
- sel et poivre

Épépinez les tomates en mettant une petite passoire sur le bol du blender pour récupérer le jus des tomates. Coupez les pommes en gros morceaux. Mixez au robot tomates et pommes avec les gousses d'ail et, si besoin est, un peu d'eau. Ajoutez le vinaigre de cidre, l'huile d'olive, un peu de sel et de poivre, mixez à nouveau et décorez de basilic finement ciselé ou d'une brunoise de pommes à l'huile d'olive.
Servez frais.

Salade fenouil-orange

- 2 beaux fenouils
- 1 belle orange
- coriandre
- huile de sésame toasté
- vinaigre d'umeboshi
- tahin

Coupez très finement les fenouils, tout comme l'orange. Préparez la sauce en diluant 2 cuillerées à café de tahin avec 1 cuillerée à soupe de vinaigre d'umeboshi. Ajoutez 1 cuillerée à soupe d'huile de sésame toasté. Mélangez le tout dans un saladier et agrémentez de coriandre finement ciselée.

Tartare d'algues

- 1 sachet de salade du pêcheur (mélange d'algues : dulce, nori, laitue de mer)
- avocat
- 1 poignée de choucroute crue
- ail
- 2 citrons

Rincez les algues puis mélangez-les dans un saladier avec l'avocat écrasé et une bonne poignée de choucroute préalablement coupée grossièrement. Ajoutez 2 gousses d'ail hachées et le jus de 2 citrons.
Laissez reposer 30 minutes et régalez-vous en tartinant des toasts.
Cette préparation se conserve aisément 3 jours au frais.

Salade d'iziki

- 1 sachet d'iziki de 50 g
- gingembre
- huile de coco

Rincez les algues et mettez-les à tremper 15 minutes environ dans l'eau à température ambiante. Râpez un petit morceau de gingembre et pressez-le entre vos doigts pour en récupérer le jus. Égouttez l'eau des algues sans la jeter. Faites sauter les algues dans de l'huile de coco, et ajoutez-y l'eau de trempage et le jus de gingembre.
Laissez mijoter 15 minutes. Égouttez si besoin est.
Assaisonnez à votre goût.

Salade wakamé-concombre-avocat

- 1 concombre
- 1 avocat
- 1 petite poignée de wakamé
- 1 citron
- wasabi
- sel

Coupez le concombre en fines lamelles et rincez-le. Rincez le wakamé. Faites-les tremper dans de l'eau pendant 10 minutes. Écrasez l'avocat avec le jus du citron et un peu de wasabi. Égouttez les lamelles de concombre en les pressant, ainsi que les algues. Mélangez le tout.

Aubergines blanches marinées aux herbes

- 2 grosses aubergines blanches (ou 3 aubergines violettes moyennes)
- 2 gousses d'ail
- 2 feuilles de laurier
- persil
- basilic
- huile d'olive
- vinaigre d'umeboshi
- sésame toasté
- sel et poivre

Mettez à bouillir 2 litres d'eau avec les feuilles de laurier. Épluchez les aubergines et coupez-les en dés. Plongez-les dans l'eau bouillante et ajoutez 1 cuillerée à soupe de vinaigre d'umeboshi. Laissez cuire 20 minutes environ à feu moyen, les aubergines doivent devenir tendres.
Pendant ce temps, préparez la marinade. Dans un saladier, mélangez 4 à 5 cuillerées à soupe d'huile d'olive, une dizaine de feuilles de basilic ou de persil ciselées, les gousses d'ail épluchées, sel, sésame toasté et poivre.

Égouttez les aubergines dans une écumoire, puis versez-les dans la marinade. Mélangez et laissez reposer au moins 1 heure (voire toute une nuit).
Servez frais.

• • • • • • • • • • • • •

Soupe de navets aux noisettes

- 1 kg de navets
- 2 grosses pommes de terre
- 2 oignons
- 1 cuill. à soupe de purée de noisettes
- 30 g de noisettes concassées
- 2 cuill. à café de maca (facultatif)
- huile d'olive
- sel et poivre

Coupez et émincez les oignons. Lavez les navets, brossez les pommes de terre et coupez-les en morceaux. Faites chauffer l'huile d'olive dans une casserole et faites-y revenir les oignons. Ajoutez les navets et les pommes de terre dans la casserole. Couvrez-les d'eau, salez, portez à ébullition et faites cuire à feu doux pendant 15 minutes. Mixez le tout dans un robot avec la purée de noisettes et 2 cuillerées à café de maca.
Salez et poivrez au moulin selon votre convenance. Au moment de servir, ajoutez les noisettes concassées.

• • • • • • • • • • • • •

Soupe crue de carottes

- 500 g de carottes
- 3 cuill. à soupe de graines de chia
- 3 tomates moyennes
- 3 gousses d'ail
- 1 piment
- ½ citron
- 3 cuill. à soupe d'huile d'olive

Lavez les carottes, épépinez les tomates en gardant le jus qui s'écoule et coupez le tout en morceaux. Retirez les graines du piment. Épluchez les gousses d'ail.
Mixez le tout avec la moitié du piment et ½ verre d'eau. Ajoutez 3 cuillerées à soupe d'huile d'olive, le jus du demi-citron et 3 cuillerées à soupe de graines de chia. Salez et poivrez.
Laissez reposer pendant 15 minutes.
Servez chaud, tiède ou même froid.

Carottes à la marocaine

- 3 carottes moyennes
- 2 citrons
- huile d'olive ou huile de sésame toasté
- cumin
- sel et poivre du moulin

Lavez et brossez les carottes, coupez-les en long, puis en tronçons biseautés de 0,5 à 1 cm. Plongez-les dans une casserole d'eau bouillante salée pendant 2 minutes, puis plongez-les aussitôt dans l'eau froide.
Pendant ce temps, préparez la sauce avec l'huile d'olive, les citrons, 1 cuillerée à café de cumin, une pincée de sel et de poivre. Mélangez le tout.
Laissez reposer 30 minutes et servez.
Vous pouvez remplacer les carottes par des panais.

Tagliatelles de courgettes

- 2 courgettes
- 1 bouquet de menthe
- ½ citron
- huile d'olive
- sel et poivre

À l'aide d'un économe, pelez les courgettes en tagliatelles. Disposez-les dans un saladier. Ciselez finement la menthe. Mélangez, et assaisonnez de 2 cuillerées à soupe d'huile d'olive, du jus du demi-citron, de sel et de poivre.
Laissez macérer 1 heure.
Servez frais.

• • • • • • • • • • • • •

Spaghettis de navets

- 2 navets
- 1 citron
- huile d'olive
- miso
- tahin
- citron
- sel et poivre

À l'aide d'un rouet ou d'un coupe-légumes en spirale, réalisez des spaghettis de navet. Mélangez dans un bol 1 cuillerée à café de miso, 1 cuillerée à café de tahin, 2 cuillerées à soupe d'huile d'olive et le jus du citron.
Poivrez à votre convenance.
Mélangez le tout dans un plat et laissez reposer pendant 30 minutes.
Servez frais ou légèrement revenus dans un wok avec de l'huile de coco.

• • • • • • • • • • • • •

Taboulé de chou-fleur

- 1 chou-fleur
- 1 botte de coriandre
- 1 botte de persil
- quelques feuilles de menthe
- 1 oignon
- 2 citrons confits
- 1 tomate en saison
- huile d'olive
- graines de tournesol
- grenade
- sel et poivre du moulin

Ciselez finement les herbes aromatiques. Coupez la tomate en brunoise. Mixez 1 oignon avec 2 citrons confits et 3 cuillerées à soupe d'huile d'olive. Râpez ou mixez le chou-fleur jusqu'à obtenir de la graine (comme un couscous). Mélangez le tout et rajoutez des graines de tournesol et de grenade.

• • • • • • • • • • • • •

Makis céleri-pomme

- 1 céleri-rave
- 2 pommes
- 4 feuilles de nori (algue)
- huile d'olive
- vinaigre d'umeboshi
- sel

Épluchez le céleri-rave et les pommes, puis râpez-les. Ajoutez 2 pommes. Assaisonnez de vinaigre d'umeboshi, d'huile d'olive et d'un peu de sel. Disposez vos feuilles de nori sur une planche. Placez 2 cuillerées à soupe du mélange céleri-pomme, roulez vos feuilles de nori en cône ou en cigare (humidifiez-les avec de l'eau tiède pour qu'elles collent).
Dégustez sans attendre.

• • • • • • • • • • • • •

Velouté de champignons crus

- 300 g de champignons (2 poignées de frais et le reste sec)
- 1 avocat
- 1 oignon
- miso
- bouillon de légumes en poudre style Rapunzel
- huile d'olive aromatisée à la truffe
- sel et poivre

Réduisez les champignons secs en poudre dans un mixeur. Dans un bon blender, mettez 1 oignon, 1 avocat, 2 poignées de champignons frais, 1 cuillerée à café de miso, ½ cuillerée à café de bouillon de légumes et les champignons secs. Au moment

de passer à table, versez de l'eau bouillante sur le mélange et mixez.
Servez avec quelques herbes fraîches additionnées d'huile aromatisée à la truffe.

Les plats : nourrissants et étonnants

Médaillons de céleri-rave

- 1 céleri-rave
- 1 patate douce
- huile d'olive
- piment de Cayenne en poudre
- graines de sésame
- 3 ou 4 brins de thym
- fleur de sel et poivre du moulin

Préchauffez le four à 180 °C (th. 6).
Faites cuire la patate douce à la vapeur, pelez-la et réduisez-la en purée.
Pelez le céleri, coupez-le en tranches de 2 cm d'épaisseur. Taillez-y des médaillons et huilez-les. Placez-les dans la lèche-frite, parsemez-les de brins de thym et saupoudrez de fleur de sel et de poivre.
Enfournez pour 20 minutes, en retournant les médaillons à mi-cuisson. Ils doivent être cuits et, en même temps, légèrement croquants.
Répartissez les médaillons dans les assiettes, déposez par-dessus la purée de patate douce et parsemez de graines de sésame et de piment d'Espelette.
Servez aussitôt avec une salade mêlée.

• • • • • • • • • • • • •

Hachis veggie

- 1 kg de pommes de terre
- 500 g de pois chiches secs
- 350 g de courge butternut
- 4 cuill. à soupe bombées de miso foncé
- 4 oignons jaunes
- gros sel
- fleur de sel, poivre du moulin
- 2 cuill. à soupe de graines de lin
- huile d'olive
- bicarbonate de soude

Faites tremper les pois chiches 24 heures dans un grand récipient d'eau froide, en renouvelant l'eau trois ou quatre fois ; ils doivent être complètement immergés.

Le lendemain, rincez-les et faites-les cuire dans un grand volume d'eau avec ½ cuillerée à café de bicarbonate de soude. Écumez en début de cuisson et laissez cuire sur feu moyen 1 h 15 environ, jusqu'à ce qu'ils soient tendres. Rincez et égouttez.

Pendant ce temps, préchauffez le four à 200 °C (th. 6-7).

Lavez les pommes de terre et faites-les cuire à la vapeur.

Réduisez en purée les pommes de terre avec leur peau, ajoutez 2 à 3 cuillerées à soupe d'huile d'olive, de la fleur de sel, poivrez au moulin et réservez.

Coupez la chair de la courge en gros dés. Mixez les pois chiches, la courge crue et le miso, jusqu'à obtention d'une purée.

Étalez une couche de purée de courge-pois chiches de 2 cm dans un plat à gratin préalablement graissé avec un peu d'huile d'olive. Enfournez 20 minutes.

Pendant ce temps, pelez et hachez grossièrement les oignons, faites-les fondre doucement 20 minutes dans 2 cuillerées à soupe d'huile d'olive.

Ajoutez-les sur la couche de purée de courge-pois chiches. Recouvrez avec la purée de pommes de terre, parsemez de graines de lin et placez 20 minutes au four.

Servez accompagné d'une salade mêlée.

Brocoli poêlé et chutney

- 2 beaux brocolis
- 3 oignons
- 120 g de raisins de Corinthe
- 2 cm de gingembre frais
- 2 cuill. à soupe de vinaigre de cidre
- 1 cuill. à café de pâte de curry
- 1 cuill. à café de crème de riz
- sauce soja (tamari)
- huile d'olive

Hachez finement les raisins au couteau.

Pelez les oignons, coupez-les en deux, puis en fines lamelles. Faites-les revenir dans une poêle chaude avec 2 cuillerées à soupe d'huile d'olive, jusqu'à ce qu'ils deviennent translucides. Ajoutez les raisins, le gingembre râpé et le vinaigre. Mélangez bien, couvrez et laissez compoter sur feu doux pendant 20 minutes. Mouillez avec un peu d'eau si nécessaire.

Pendant ce temps, lavez et séchez les brocolis. Détachez les bouquets, retirez la partie dure du tronc, coupez les bouquets en deux. Faites-les blanchir en les plongeant 2 minutes dans une casserole d'eau bouillante salée. Égouttez-les bien.

Ajoutez aux oignons la pâte de curry et la crème de riz, mélangez et laissez épaissir 1 minute. Versez les brocolis, ajoutez un filet de sauce tamari et remuez l'ensemble pour enrober les brocolis de la compotée d'oignons.

Servez aussitôt.

Légumes rôtis

- 2 panais
- 2 carottes
- 1 potimarron
- 2 patates douces
- 3 brins de thym
- 3 brins de romarin
- huile d'olive
- miso

- **Pour la sauce blanche**
- 1 poignée de noix de cajou trempées 4 heures avant
- 1 cuill. à café de curry
- 2 cuill. à soupe de jus de citron vert
- ½ cuill. à café de sel
- 1 cuill. à café de purée d'ail

Préchauffez votre four à 180 °C (th. 6).
Lavez et brossez les légumes, coupez-les en frites.
Dans un bol, mélangez 3 cuillerées à soupe d'huile d'olive et 2 cuillerées à café de miso.
Dans un plat préalablement huilé, disposez vos légumes, et enduisez-les de votre mélange. Laissez 20 minutes au four.
Préparez la sauce blanche : passez les noix de cajou avec le jus de citron au mixeur jusqu'à l'obtention d'une crème ; ajoutez les épices et mixez de nouveau. Au besoin, ajoutez un peu d'eau.
Servez les légumes rôtis, accompagnés de la sauce blanche et d'une salade.

....

Maë cheese

- **Pour la base**
- 1 bol de farine de pois chiche
- 2 bols d'eau
- 4 cuill. à soupe d'huile d'olive
- 3 bonnes pincées de sel

- **Pour la garniture (au choix...)**
- oignons
- tomates
- olives
- aromate...

Mélangez les ingrédients de la base jusqu'à obtenir une consistance de pâte à crêpe. Huilez un moule, versez et mettez au four à 120 °C (th. 4) pendant 30 minutes environ.
Lorsque la surface de la panisse est suffisamment dure, parsemez-la d'une garniture de votre choix : oignons, rondelles de tomates, olives, thym... Réenfournez pour 20 minutes.
Découpez et servez.

Tarte aux herbes

- **Pour la base**
- 300 g d'amandes
- 4 cuill. à soupe d'huile d'olive
- 1 cuill. à café de psyllium

- **Pour la garniture**
- 100 g de noix de cajou
- 1 cuill. à café de miso
- 2 bouquets d'herbes aromatiques (ciboulette, persil ou coriandre)
- 2 gousses d'ail

Broyez finement les amandes avec le psyllium, l'huile d'olive et 4 cuillerées à soupe d'eau au blender. Étalez en couche de 1 cm au fond d'un plat à tarte.
Faites tremper les noix de cajou pendant 3 heures au minimum. Rincez-les, égouttez-les et mixez-les avec 20 cl d'eau et 1 cuillerée à café de miso.
Ciselez un bol entier d'herbes aromatiques avec 2 gousses d'ail. Mixez le tout.
Dans le plat où la base est déjà étalée, appliquez une épaisseur de 4 à 5 cm de la garniture. Laissez reposer au frais pendant 3 heures, démoulez et servez.

Rouleau de printemps vegan

- feuilles de riz
- choucroute
- graines germées d'alfalfa
- purée d'umeboshi
- 1 carotte
- 1 concombre
- 1 grenade
- 1 bouquet de menthe fraîche
- 200 g de roquette

Lavez ou brossez votre carotte et coupez-la en julienne. Pelez le concombre et coupez-le en bâtonnets. Faites tremper pendant 30 secondes une feuille de riz dans une assiette pleine d'eau pour qu'elle se ramollisse. Placez-la sur une planche et déposez dessus une fine ligne de purée d'umeboshi, puis les bâtonnets de carotte et de concombre dans la longueur. Ajoutez la choucroute, les graines germées et un peu de roquette. Parsemez de quelques graines de grenade et de feuilles de menthe. Prenez soin de laisser vierges les quarts inférieur et supérieur de la feuille, ainsi que 3 cm tout autour.
Rabattez les côtés, puis le bord inférieur de la galette, et roulez en serrant la farce. Coupez le rouleau en son milieu et en biseau.

• • • • • • • • • • • • •

Croquettes d'épinards

- 1 oignon
- 3 gousses d'ail
- 500 g d'épinards en branches surgelés bien égouttés ou d'épinards frais
- 170 g de farine de pois chiche
- cumin
- coriandre
- huile d'olive
- sel

Si les épinards sont frais, faites-les blanchir 1 minute et rincez-les à l'eau froide, sinon vous pouvez les utiliser immédiatement. Hachez finement l'oignon, pilez l'ail, mélangez-les aux épinards. Ajoutez la farine de pois chiche, le cumin, la coriandre, le sel. Si la farine ne s'amalgame pas aux épinards, ajoutez un peu d'eau.
Confectionnez des boulettes de la taille de votre choix et aplatissez-les légèrement.
Faites-les cuire dans une poêle avec un peu d'huile, à feu doux et à couvert, pendant 6 à 8 minutes.
Servez, accompagné d'une salade et de sauce blanche (voir page 246).

Légumes farcis

- 2 courgettes
- 2 aubergines
- 2 poivrons
- 1 oignon
- 2 gousses d'ail
- 100 g de flocons d'avoine
- 100 g de lentilles germées
- moutarde
- huile
- sel et poivre au moulin

Préchauffez votre four à 180 °C (th. 6).
Coupez les légumes en deux dans le sens de la longueur. Enlevez les graines des poivrons. Évidez les courgettes et les aubergines jusqu'à 1,5 cm du bord. Mettez la partie enlevée dans une poêle huilée avec l'oignon émincé, l'ail haché, de la moutarde, du sel et du poivre, et faites revenir le tout pendant 15 minutes. Faites une farce en mélangeant la chair avec les flocons d'avoine et les lentilles germées, préalablement blanchies pendant 5 minutes.
Placez la farce dans les légumes en ajoutant dans le fond un peu de moutarde. Laissez 30 minutes au four.

Tian de légumes

- pommes de terre
- carottes
- panais
- ail
- oignon
- thym
- huile
- sel et poivre

Préchauffez votre four à 180 °C (th. 6).
Lavez et brossez les légumes.
Coupez à l'aide d'une mandoline, ou bien régulièrement, des tranches de 3 mm de pomme de terre, de carotte et de panais. Dans un plat préalablement huilé, disposez les couches de

légumes les unes sur les autres, en y ajoutant de l'ail, des oignons émincés, un peu de fleur de sel, de poivre au moulin et d'huile d'olive.

Laissez au four pendant 20 minutes.

Servez chaud.

Les desserts : gourmands et légers

Mousse choco-orange

- 1 litre de lait de riz
- 2 cuill. à soupe de purée de noisettes
- 2 cuill. à soupe de cacao en poudre
- 3 cuill. à soupe de sirop d'érable
- le zeste d'une demi-orange
- 1 cuill. à soupe bombée de kuzu
- 10 g d'agar-agar
- huile de coco

Diluez le kuzu avec un peu de lait de riz froid, mélangez bien ; le liquide obtenu doit être sans grumeaux. Portez à ébullition le reste du lait, le cacao, l'agar-agar (à diluer rapidement) et la vanille. Une fois à ébullition, mettez à feu doux et ajoutez le kuzu. Fouettez bien pendant une minute.
Coulez la préparation dans une plaque, ajoutez le zeste d'orange et laissez refroidir jusqu'à ce que la préparation soit figée.
Une fois le lait figé, mettez-le dans un saladier à fond plat, ajoutez la purée de noisettes, le sirop d'érable et mélangez avec un mixeur plongeant jusqu'à obtention d'une crème dessert lisse et homogène.

Faites toaster les noisettes dans de l'huile de coco et coupez une tranche d'orange. Décorez la mousse avec les noisettes et l'orange.
Mettez au frais jusqu'à dégustation.

Astuce : si la mousse n'est pas assez lisse et trop compacte, ajoutez un peu de lait de riz (cuillerée à soupe par cuillerée à soupe) puis mixez de nouveau jusqu'à obtenir la consistance souhaitée.

Tarte citron

- **Pour la base**
- 300 g d'amandes ou de noix
- 2 cuill. à soupe d'huile de coco
- 1 cuill. à café de psyllium

- **Pour la garniture**
- 100 g de noix de cajou
- 1 cuill. à café d'eau de fleur d'oranger
- 1 citron bio
- huile essentielle de citron

Broyez grossièrement les amandes avec le psyllium, l'huile de coco fondue et 2 cuillerées à soupe d'eau. Étalez cette préparation en une couche de 1 cm au fond d'un plat à tarte à bord lisse et démoulable.
Faites tremper les noix de cajou pendant 3 heures au minimum. Rincez-les et égouttez-les, puis mixez-les avec 20 cl d'eau et 1 cuillerée à café d'eau de fleur d'oranger. Prélevez le zeste du citron à l'aide d'un zesteur, mettez-le dans le mélange et ajoutez 2 gouttes d'huile essentielle de citron. Mixez le tout. Versez la garniture sur la base, sur une épaisseur de 2 à 4 cm. Laissez reposer au frais pendant 3 heures, démoulez et servez.

Gâteau choco cru

- **Pour la base**
- 200 g de noix
- 100 g de pâte de dattes

- **Pour la ganache**
- 120 ml d'huile de coco fondue
- 120 ml de sirop d'agave
- 60 g de poudre de cacao non sucré ou de chocolat noir fondu
- 2 cuill. à soupe d'eau
- 1 cuill. à café de vanille en poudre

- **Pour le décor**
- noix de coco râpée

Dans le bol d'un robot, hachez les noix avec la pâte de dattes jusqu'à obtention d'une boule ; si besoin est, ajoutez 1 cuillerée d'eau. Étalez cette boule en tassant bien dans des emporte-pièce ou dans un moule à tarte à fond amovible et à bord lisse.
Dans le bol du robot, mixez tous les ingrédients de la ganache jusqu'à ce que la consistance soit lisse. Versez cette ganache sur la base et lissez au mieux. Réservez au frais pendant 2 heures afin que la ganache durcisse.
Décorez de noix de coco râpée, démoulez et dégustez.

Gâteau cru carotte-gingembre

- 400 g d'amandes moulues
- 1 kg de carottes
- 500 g de pâte de dattes
- 1 tasse d'huile de noix de coco fondue
- 1 tasse de noix de Grenoble
- 1 tasse de raisins secs
- le zeste de 2 oranges
- 1 cuill. à café de vanille
- 1 cuill. à café de cannelle
- 1 pincée de clou de girofle moulu
- 3 cm de gingembre finement haché
- 1 pincée de sel

Râpez les carottes et réservez-les dans un grand saladier. Au robot, broyez tous les autres ingrédients, sauf les raisins secs et les noix de Grenoble, en une pâte uniforme. Ajoutez cette pâte aux carottes, mélangez et malaxez le tout à la main.
Ajoutez ensuite les raisins secs et les noix de Grenoble, préalablement hachées au couteau. Malaxez une dernière fois.
Placez dans un moule à fond amovible et réservez au frigo pendant 2 heures au minimum avant de déguster.

....

Pancakes à la farine de châtaigne

- 200 g de farine de châtaigne
- 1 pincée de sel
- ½ cuill. à café de bicarbonate

Mélangez la farine de châtaigne, le sel et le bicarbonate avec de l'eau jusqu'à obtenir la consistance souhaitée de la pâte.
Laissez reposer pendant 2 heures.
Chauffez une petite poêle, graissez-la avec de l'huile de coco et faites les pancakes.

....

Tarte pommes et frangipane à la poire

- **Pour la frangipane à la poire**
- 250 g de poires
- 70 g d'amandes en poudre
- 10 g de sucre de canne complet
- 20 g de fécule (maïs ou pomme de terre)
- 1 cuill. à soupe de cannelle en poudre

- **Pour le crumble**
- 50 g de flocons d'avoine
- 30 g de purée d'amandes
- 30 g d'amandes en poudre
- 20 g de sucre de canne complet
- 10 ml d'eau

- **Pour la garniture**
- 3 belles pommes

Mélangez tous les ingrédients du crumble à la main, dans un saladier.

Dans un grand bol, râpez les poires. Ajoutez les autres ingrédients de la frangipane, mélangez bien et étalez sur 2 cm d'épaisseur dans un moule à tarte préalablement huilé.

Coupez les pommes en huit, disposez-les sur la frangipane de manière régulière (et jolie !). Terminez en émiettant le crumble sur les pommes.

Faites chauffer au four à 180 °C (th. 6) pendant 30 minutes, ou jusqu'à ce que la frangipane soit cuite. Laissez tiédir avant de servir.

Barre choco crue

- 8 cuill. à soupe de purée d'amandes blanches
- 2 cuill. à soupe de cacao cru
- 3 cuill. à soupe de sirop d'agave (ou de miel, ou d'érable)
- 70 g d'huile de coco ou 40 g de beurre de cacao
- 1 pincée de sel
- ½ cuill. à café de vanille en poudre
- noix

Mettez tous les ingrédients dans un robot, mixez une bonne minute. Puis moulez et mettez au congélateur pendant 3 à 4 heures.

Sortez 30 minutes avant de servir.

Si la préparation est trop liquide, ajoutez de la poudre d'amandes par petites quantités.

Ce dessert se conserve au frigo ou au congélateur.

Salade de fruits aux graines de chia

- 4 cuill. à soupe de graines de chia
- 50 cl de lait d'amande maison ou de lait de coco bio
- miel ou sirop d'érable
- 1 poire
- 1 pomme
- 1 banane
- 1 mangue
- 1 kiwi
- 1 avocat
- 1 citron bio
- quelques feuilles de menthe ou de verveine fraîches

Mélangez le lait et les graines de chia, et laissez reposer 10 minutes. Répartissez ce mélange dans des assiettes creuses. Préparez les fruits : lavez et séchez la poire, puis la pomme en gardant la peau. Pelez la mangue, la banane, l'avocat, le kiwi. À l'aide d'une cuillère à pommes parisiennes, prélevez des billes dans les fruits et l'avocat. Citronnez-les. Répartissez dans les assiettes. Vous pouvez ajouter un filet de miel ou de sirop d'érable. Décorez de feuilles de menthe ou de verveine fraîches.

Fricassée ananas-coco

- 1 ananas
- huile de coco
- cannelle
- noix de coco râpée

Coupez l'ananas en morceaux. Faites fondre 1 cuillerée à soupe d'huile de coco dans une poêle. Saisissez vos morceaux d'ananas, saupoudrez de cannelle et de noix de coco râpée. Servez chaud ou froid.

Flan menthe-spiruline

- 50 cl de lait d'amande ou de riz
- 4 g d'agar-agar
- 1 cuill. à soupe de purée d'amandes blanches
- 2 gouttes d'huile essentielle de menthe poivrée
- 1 cuill. à café de spiruline
- 2 cuill. à soupe de sirop d'agave ou d'érable
- 6 feuilles de menthe fraîche

Mélangez le lait et l'agar-agar, portez à ébullition et laissez frémir pendant 2 minutes.
Versez cette préparation dans le bol du blender avec le reste des ingrédients. Mixez et répartissez dans des petits ramequins. Laissez refroidir, saupoudrez de menthe ciselée et dégustez.

Les extra : pour le plaisir

Boules d'énergie

- 400 g de pâte de dattes
- 50/70 g d'oléagineux
- 10 pruneaux ou 10 figues
- noix de coco râpée ou cacao cru ou poudre d'amandes

Dans un mixeur, mélangez la pâte de dattes, les pruneaux (ou les figues), puis les oléagineux de votre choix (cajou, amandes, noix...) jusqu'à obtenir une pâte homogène. Confectionnez des boules dans la paume de vos mains, puis réservez-les.
Roulez ensuite les boules obtenues dans la noix de coco, le cacao ou la poudre d'amandes selon vos envies.
Ce petit plaisir se conserve au frais pendant plusieurs jours.

Cuir de fruits

- kaki, banane ou mangue
- cannelle, vanille...

Réduisez le fruit de votre choix en smoothie et ajoutez-y l'épice de votre choix.

Étalez la préparation sur une plaque, avec du papier sulfurisé légèrement huilé d'huile de coco, sur 3 mm d'épaisseur. Mettez au four à 55 °C (th. 2) pendant 3 heures. Vérifiez, retournez et enfournez de nouveau pour 3 heures.
Consommez tel quel, en roulé, ou en crêpe.

....

Golden milk, ou lait d'or

- 1 racine de curcuma (3 à 4 cm)
- miel ou sirop d'agave
- 250 g d'amandes entières non pelées
- 1 litre d'eau minérale ou filtrée
- 1 dose de safran
- poivre du moulin

La veille, faites tremper les amandes dans un grand récipient d'eau froide, au moins 12 heures. Le lendemain, mondez les amandes, rincez-les et mixez-les avec l'eau minérale.
Pour préparer le lait d'or : mixez dans un blender puissant le lait d'amande avec la racine de curcuma, préalablement lavée. Passez au tamis et sucrez, selon votre goût, au miel ou au sirop d'agave.
Placez le tout dans une casserole et chauffez doucement, à frémissement. Ajoutez le safran.
Répartissez dans des verres ou des tasses, poivrez au moulin et dégustez.

....

Cuir de lin, ou chips ou crackers de lin

- 200 g de graines de lin
- 1 oignon
- 2 gousses d'ail
- 1 grosse carotte
- 1 courgette
- 5 tomates séchées à l'huile

- 1 cuill. à café bombée de moutarde forte de Dijon
- 1 cuill. à soupe de miso foncé
- 1 cuill. à café d'origan
- huile d'olive

Faites tremper les graines de lin pendant au minimum 2 heures dans deux fois leur volume d'eau.
Préchauffez le four à 60 °C (th. 2).
Pelez l'oignon et l'ail. Lavez la courgette et la carotte. Coupez les légumes en gros morceaux. Égouttez les tomates séchées. Mettez tous ces ingrédients dans le bol d'un blender et ajoutez la moutarde, le miso et l'origan. Mixez jusqu'à obtention d'une consistance onctueuse, pendant environ 5 minutes. Ajoutez les graines de lin hydratées, et mixez à nouveau.
Étalez cette pâte sur 3 mm d'épaisseur à l'aide d'une spatule sur une feuille de papier sulfurisé huilée. Faites cuire pendant 3 heures.
Retournez le cuir de lin, baissez la température au minimum, à 50 °C si possible, et laissez 2 heures de plus au four.
Pour réaliser des crackers : faites cuire le cuir un peu plus longtemps, pour qu'il devienne croustillant, puis découpez-le aux ciseaux.
Pour une alimentation crue, vous pouvez cuire le cuir de lin à 45 °C. Doublez alors le temps de cuisson.
Vous pouvez consommer ce cuir de lin comme des crackers ou des chips, accompagné de tartare d'algues par exemple.

•••••••••••••

Caramel de pruneaux

- 20 pruneaux
- 1 à 2 cuill. à soupe de pâte d'amandes
- 1 cuill. à café de sirop d'agave
- un peu d'eau si nécessaire
- 1 goutte d'huile essentielle d'orange ou le zeste d'une orange

Faites tremper les pruneaux dans l'eau froide au moins 8 heures, ou 1 heure dans l'eau chaude. Dénoyautez les pruneaux. Mixez tous les ingrédients au blender.

Confiote cassis-orange

- 100 g de cassis séchés
- le jus de 2 oranges

Couvrez les cassis de jus d'orange et laissez tremper.
Mixez au blender.
Cette préparation se conserve plusieurs semaines dans un bocal au réfrigérateur.

Caramel de dattes

- 15 à 20 dattes dénoyautées hachées grossièrement
- 1/3 de tasse de lait végétal
- 2 cuill. à soupe de sirop d'agave, d'érable ou de riz
- 1 cuill. à soupe d'huile de noix de coco
- 1 cuill. à thé de vanille liquide
- 1 pincée de sel de mer ou de fleur de sel

Passez au robot pendant 3 à 5 minutes tous les ingrédients. Pour un caramel plus liquide, ajoutez de l'eau, une cuillerée à thé à la fois.
Versez dans une petite casserole et faites bouillir en brassant de temps à autre à feu mi-vif pendant 5 minutes.
Servez immédiatement ou conservez au frais dans un contenant hermétique pendant plusieurs semaines. Il peut également se manger cru, si la consistance et le goût vous plaisent.

Confiote figue-citron

- 1 douzaine de figues séchées
- le zeste d'un citron
- le jus de 2 citrons

Rincez et équeutez les figues. Puis faites-les tremper avec le zeste dans le jus de citron, en complétant avec de l'eau, pendant 4 heures.
Mixez au blender.
Servez immédiatement ou conservez au frais dans un contenant hermétique jusqu'à plusieurs semaines.

• • • • • • • • • • • •

Pâte à tartiner au chocolat maison

- 1 tasse de purée de noisettes ou de noisettes entières
- 2 cuill. à soupe de chocolat en poudre ou fondu
- 3 cuill. à soupe d'huile de coco fondue ou de crème végétale
- un peu de vanille
- 1 pincée de sel
- du sirop d'érable, du rapadura ou de la crème de marrons (facultatif)

Dans un robot, mixez tous les ingrédients.
Laissez refroidir et servez immédiatement ou conservez au frais.

• • • • • • • • • • • •

Cappuccino vegan

- 20 g de graines de chia
- 30 cl de lait de riz, d'amande ou de soja nature
- 20 cl de café fort (20 cl d'eau + 3 cuill. à café de Yannoh®)
- 1 cuill. à café de vanille
- 40 ml de sirop d'agave
- 15 à 20 glaçons

Faites tremper les graines de chia dans le lait de riz environ 15 minutes.
Préparez le café (eau + Yannoh® + vanille en poudre). Mixez le tout au blender jusqu'à la consistance voulue.

Les sauces : le goût en plus

La sauce Mamita

- 2 bottes de persil
- 1 tête d'ail
- 30 cl d'huile d'olive

Détachez les feuilles du persil et déshabillez l'ail.
Introduisez le tout dans un robot et broyez grossièrement.
Mettez en pot et rajoutez l'huile d'olive.

Tapenade maison

- 1 tasse d'olives
- 3 cuill. à soupe de câpres
- 2 gousses d'ail
- 1 cuill. à soupe de zeste de citron
- 1 cuill. à soupe d'huile d'olive
- sel et poivre

Mixez tous les ingrédients.
Cette sauce se conserve un mois au frais.

Pesto de basilic

- 12 cl d'huile d'olive
- 75 g de basilic (1 gros bouquet)
- 60 g de tomates séchées
- 1 cuill. à soupe de jus de citron
- 2 gousses d'ail

Mixez tous les ingrédients.
Cette sauce se conserve un mois au frais.

Sauce miso-noisette

- 2 cuill. à soupe de miso
- 1 cuill. à soupe de vinaigre balsamique
- 2 gousses d'ail
- 2 cuill. à soupe de purée de noisettes
- 5 cuill. à soupe d'eau chaude
- 2 tomates coupées en cubes
- 1 cuill. à soupe de gingembre râpé

Mixez tous les ingrédients.

Pesto rouge

- tomates séchées
- figues sèches
- abricots secs et poivrons séchés (facultatif)

Laissez tremper les figues et les tomates pendant au moins 4 heures (ce n'est pas nécessaire si les tomates sont à l'huile).
Égouttez-les et passez-les au mixeur.
Pour une sauce plutôt qu'un pesto, ajoutez l'eau de trempage.

Chutney de raisins

- 100 g de raisins secs
- 2 cm de gingembre
- 1 cuill. à café de cumin
- ¼ de cuill. à café de piment
- huile d'olive

Faites tremper les raisins pendant 30 minutes.
Égouttez, mixez et ajoutez le gingembre râpé fin.
Faites frire les épices et ajoutez-les à la purée de raisins secs.
Faites cuire à la poêle pendant 5 minutes.

Pesto aux courgettes

- ½ courgette
- 1 cornichon
- 10 câpres
- 5 feuilles de roquette
- 1 branche de basilic
- 1 cuill. à café de moutarde aux orties
- ½ cuill. à soupe d'huile d'olive
- ½ cuill. à soupe d'huile oméga 3 ou colza
- 2 branches de persil

Mixez la totalité des ingrédients jusqu'à obtention d'une vinaigrette épaisse.
Si elle est trop épaisse, ajoutez de l'huile d'olive, et si elle est trop liquide, ajoutez de la courgette.

Le programme de sept jours

Maintenant que vous savez préparer les recettes que nous vous avons proposées, voici comment les organiser pour offrir à vos intestins des moments de repos digestif réguliers semaine après semaine...

	SAMEDI Alimentation plaisir	DIMANCHE Alimentation plaisir Début de jours de repos digestif	LUNDI Journée de repos digestif Jeûne séquentiel	MARDI Alimentation saine santé et gourmande	MERCREDI Alimentation saine santé et gourmande	JEUDI Alimentation saine santé et gourmande	VENDREDI Alimentation saine santé et gourmande
Le matin au réveil	5 à 10 min de respiration méditation	5 à 10 min de respiration méditation	5 à 10 min de respiration méditation	5 à 10 min de respiration méditation	5 à 10 min de respiration méditation	5 à 10 min de respiration méditation	5 à 10 min de respiration méditation
Au petit déjeuner	Golden milk & Pancakes à la châtaigne accompagnés de confiote minute	Smoothies & Salade de fruits aux graines de chia	Jus de légumes frais & Marche active de 30 min	Smoothies & Salade de fruits aux graines de chia	Porridge d'avoine ou de flocons de riz avec banane et noisettes Accompagné d'un jus frais	Smoothies & Salade de fruits aux graines de chia	Porridge d'avoine ou de flocons de riz avec banane et noisettes Accompagné d'un jus frais
En guise de repas le midi	Salade de wakamé-concombre-avocat & Rouleau de printemps vegan	Salade de fenouil-orange & Hachis veggie	Jus de légumes frais & Marche active de 30 min	Taboulé de chou-fleur & Tian de légumes	Salade d'iziki & Médaillons de céléri	Carottes à la marocaine & Croquettes d'épinards	Makis céleri-pomme & Légumes farcis
En fin de journée			Balade 30 min Ou piscine Ou salle de sport	Balade 30 min Ou piscine Ou salle de sport	Balade 30 min Ou piscine Ou salle de sport	Balade 30 min Ou piscine Ou salle de sport	Balade 30 min Ou piscine Ou salle de sport
Pour le dîner	Légumes rôtis & Mousse choco-orange	Bouillon de légumes additionné d'une cuillerée à soupe de pianto	Purée de potimarron-châtaigne & Salade verte	Velouté de champignons crus & Tagliatelles de légumes	Quinoa aux câpres & Brocoli/chutney	Petit épeautre Ou sarrasin & Spaghettis de navets	Maë cheese & Salade

Notes

Préface

1. Servan-Schreiber D, *Anticancer*, Paris, Robert Laffont, 2007.

2. Svetkey LP et coll., « Hypertension Improvement Project. Randomized trial of quality improvement for physicians and lifestyle modification for patients », *Hypertension* 2009, 54:1226-1233.

3. Nilsson M et coll., « Lifestyle related risk factors in the aetiology of gastro-oesophageal reflux », *Gut* 2004, 53:1730-1735.

4. Mathieu N, « Risques des traitements prolongés par les inhibiteurs de la pompe à protons », *La Revue du praticien* 2008, vol. 58, n° 13, pp. 1451-1454.

5. Voir pour synthèse Rapoport-Hubschman N, *Apprivoiser l'esprit, guérir le corps. Stress, émotion et santé*, Paris, Odile Jacob, 2012.

6. Voir pour synthèse Cousin G et Page D, *Le Bien-Être émotionnel. 9 clés pour vivre la pleine conscience*, Paris, Odile Jacob, 2016.

7. Fond G et coll., « Fasting in mood disorders: neurobiology and effectiveness. A review of the literature », *Psychiatry Research* 2013, 209(3):253-238.

8. Martin B et coll., « Caloric restriction and intermittent fasting: Two potential diets for successful brain ageing », *Ageing Research Reviews* 2006, 5(3):332-353.

9. Robin JP et coll., « Protein and lipid utilization during long-term fasting in emperors penguins », *American Journal of Physiology* 1988, 254:R61-68.

10. Longo VD, Finch CE, « Evolutionary medicine: from dwarf model systems to healthy centenarians? », *Science* 2003, 299:1342-1345.

11. Lee C et coll., « Fasting cycles retard growth of tumors and sensitize a range of cancer cell types to chemotherapy », *Science Translational Medicine* 2012, 4:124ra27.

Changer pour renaître

1. Une étude européenne menée par le Dr Eva Steliarova-Foucher, du Centre international de recherche sur le cancer, et publiée en 2004 montre la hausse de l'incidence de cette maladie chez les enfants et les adolescents depuis trois décennies (www.thelancet.com).

Partie I
Visite guidée : les clés pour comprendre le fonctionnement de vos intestins

➡ Comment le stress nous affecte

1. Stephen M. Collins, Premsyl Bercik, « The relationship between intestinal microbiota and the central nervous system in normal gastrointestinal function and disease », *Gastroenterology*, vol. 136, issue 6, pp. 2003-2014, publié en mai 2009 (www.gastrojournal.org).

2. Cité par Adrian Bonte (future.arte.tv).

3. La greffe fécale consiste à implanter à un patient un nouveau microbiote contenu dans des selles (NDLR).

4. Site de l'INRA : www.inra.fr.

5. Goodhand JR, Wahed M, Mawdsley JE, Farmer AD, Aziz Q and Rampton DS (2012), « Mood disorders in inflammatory bowel disease: Relation to diagnosis, disease activity, perceived stress, and other factors », *Inflamm Bowel Dis*, 18:2301-2309. doi: 10.1002/ibd.22916.

6. National Institute of Diabetes and Digestive and Kidney Diseases – Irritable bowel syndrome, http://digestive.niddk.nih.gov et Amy Foxx-Orenstein, *MedGenMed*, 26 juillet 2006, http://www.pubmedcentral.nih.gov, IBS-review and what's new.

➡ Comment nos modes de vie nous affaiblissent

1. Danielle Besson, « Le repas depuis 45 ans : moins de produits frais, plus de plats préparés », *INSEE Première*, n° 1208, septembre 2008. Cité par Céline Laisney. Les publications du Service de la statistique et de la prospective – Centre d'études et de la prospective, agreste.agriculture.gouv.fr.

2. Rapport de l'OCDE : « Cardiovascular disease and diabetes : policies for better health and quality of care », 2015.

3. Dr Anil Nigam, Centre EPIC (www.icm-mhi.org).

4. OMS/WHO media centre.

5. Étude Obépi-Roche 2009.

6. OCDE, « L'obésité et l'économie de la prévention : objectif santé – indicateurs-clés en France », mise à jour 2014.

7. Site de l'INSERM : www.inserm.fr.

8. Philippa Ellwood, M. Innes Asher, Luis García-Marcos, Hywel Williams, Ulrich Keil, Colin Robertson, Gabriele Nagel, the ISAAC Phase III Study Group. Publié en ligne le 14 janvier 2013. thorax.bmj.com.

➡ Les ravages de la nourriture industrielle

1. O'Keefe SJ et coll., « Fat, fibre and cancer risk in African Americans and rural Africans », *Nature Commun.*, 2015.

2. En 2011, la journaliste Marie-Monique Robin a montré dans son documentaire « Notre poison quotidien » (Arte-INA) comment l'accumulation permanente de ces molécules artificielles dans nos assiettes augmente les dangers pour notre santé.

➡ La toxémie, un empoisonnement discret

1. Pour aller plus loin, je vous conseille le livre du Dr Philippe-Gaston Besson, *Je me sens mal, je ne sais pas pourquoi… ! La candidose chronique, une maladie méconnue,* éditions Jouvence, 2011.

Partie II
J'adopte de bonnes habitudes pour prendre soin de mes intestins

➡ J'ai envie de mieux manger

1. William Castelli, directeur du Framingham Heart Study, Massachussetts.

➡ Fiches pratiques

1. Rapport de l'INSERM. « Activité physique. Contexte et effets sur la santé », 2008.

2. « The China Study » par T. Colin Campbell et Thomas M. Campbell II.

➡ J'ai envie de bouger

1. SN Blair, « Physical fitness and all-cause mortality », *JAMA*, Nov 3, 1989-vol 262, n° 17. www.indiana.edu et SN Blair & A Hardman (1995), « Special issue: Physical activity, health and well-being – an international scientific consensus conference », *Research Quarterly for Exercise and Sport*, 66.

2. Frisch RE, Wyshak G, Albright NL, Albright TE, Schiff I, Jones KP, Witschi J, Shiang E, Koff E & Marguglio M (1985), « Lower prevalence of breast cancer and cancers of the reproductive system among former college athletes compared to non-athletes », *British Journal of Cancer*, 52, 885-891.

➡ Comment faire du bien à mon intestin

1. Ann Wigmore, créatrice de la Fondation Hippocrate et de l'Institut Ann Wigmore, ainsi qu'auteure de *L'Herbe de blé, source de santé et de vitalité*, éditions Jouvence.

➡ J'adopte les bons gestes

1. Site : www.env-health.org.

2. Cité par Anne-Sophie Brunet, topsante.com, jeudi 17 février 2011.

Partie III
Et de temps en temps, je mets mes intestins au repos

➡ La détox ? Tout un programme !

1. *Prenez votre santé en main*, éditions Albin Michel.

2. Pr Valter Longo, *Fasting Cycles Retard Growth of Tumors*.

3. *Céto cuisine*, de Magali Walkowicz, éditions Thierry Souccar.

➡ Le jeûne : une éthique pour la vie

1. Diffusé sur Arte en février 2016 (disponible en DVD).

2. Jean-Pierre Willem, *Prévention active du cancer ; il y a des ethnies qui n'ont pas le cancer*, éditions du Dauphin, 1993.

3. Cité par Simon Assoun dans *Sciences et Avenir* (7-3-2014).

Remerciements

À mes professeurs, qui ont su m'insuffler l'esprit naturo dès mon plus jeune âge.

À mon équipe de la Pensée Sauvage, qui œuvre tous les jours pour accompagner les personnes en quête de détox.

À mes amis et curistes, qui participent et soutiennent le centre depuis des années.

À mon éditrice, Suyapa, qui a su croire en ce projet dans le temps, ainsi qu'à Sandrine et Stanislas, qui ont su mettre en mots mes idées et relever le défi du temps.

À Christophe André, pour ton amitié et ta si belle préface.

À mes enfants, à mes parents et à mon épouse, toujours à mes côtés au quotidien.

Table des matières

Partie II
J'adopte de bonnes habitudes pour prendre soin de mes intestins

Partie III
Et de temps en temps, je mets mes intestins au repos

Partie IV
Les recettes essentielles de la détox et du bien-être

Cet ouvrage a été composé et mis en page
par Nord Compo à Villeneuve-d'Ascq

Imprimé en France par CPI
en janvier 2019
N° d'impression : 2042607

Suite du premier tirage : janvier 2019
S25707/04